新时代应用型本科高校“卓越法治人才”培养研究

李雪菁 著

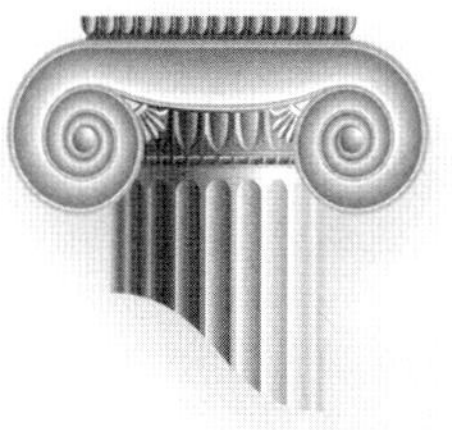

WUHAN UNIVERSITY PRESS
武汉大学出版社

图书在版编目(CIP)数据

新时代应用型本科高校"卓越法治人才"培养研究/李雪菁著. —武汉:武汉大学出版社,2022.8

ISBN 978-7-307-23021-7

Ⅰ.新…　Ⅱ.李…　Ⅲ.高等学校—法律—人才培养—研究—中国
Ⅳ.D92-4

中国版本图书馆 CIP 数据核字(2022)第 058309 号

责任编辑:田红恩　　责任校对:汪欣怡　　版式设计:马　佳

出版发行: **武汉大学出版社**　(430072　武昌　珞珈山)
(电子邮箱: cbs22@ whu.edu.cn　网址: www.wdp. com.cn)
印刷: 武汉邮科印务有限公司
开本:720×1000　1/16　印张:12.5　字数:203 千字　插页:2
版次:2022 年 8 月第 1 版　2022 年 8 月第 1 次印刷
ISBN 978-7-307-23021-7　定价:49.00 元

基金支持：

1. 2021年度广西高等教育本科教学改革工程项目成果之一，一般项目A类，项目名称：信息技术背景下基于“SPOC+翻转课堂”混合模式的中国法制史课程教学研究与实践，项目编号：2021JGA406。

2. 广西民族大学相思湖学院2020年度校级高等教育教学改革工程重点项目“面向广西自贸区高素质应用型经济法治人才培养体系研究”成果之一（项目编号：2020XJZD04）。

3. 广西民族大学相思湖学院第二批一流课程建设教学改革项目成果之一，课程名称：经济法概论，文件号：民大相院[2021]23号。

4. 广西民族大学相思湖学院第二批“课程思政”课程建设项目立项成果之一，课程名称：劳动与社会保障法，文件号：民大相院[2020]57号。

5. 广西民族大学相思湖学院2020年度校级科研重点项目“文化认同视域下广西瑶族习惯法与国家制定法之间的融合路径研究”成果之一（项目编号：2020XJKY07）。

6. 广西民族大学相思湖学院第一批“金课”课程建设项目“课程思政”课程建设项目成果之一，课程名称：环境与资源法，文件号：民大相院[2019]39号。

7. 2020年度广西高等教育本科教学改革工程项目成果之一，一般项目A类，项目名称：基于“SPOC+翻转课堂”混合模式的少数民族传统体育课程教学研究与实践，项目编号：2020JGA388。

8. 广西民族大学相思湖学院“黄大年式”教师团队以及高水平教师团队立项研究成果之一，团队名称：法学专业高水平教师团队，文件号：民大相院[2019]21号。

目　　录

第一章 新时代应用型本科高校“卓越法治人才”培养研究概述

第一节 理论依据与意义

一、理论依据

《国家中长期教育改革和发展规划纲要》提出：“提高质量是高等教育发展的核心任务，要着力培养拔尖创新人才。”依法治国需要大批优秀法治人才，法治人才质量提升需要法学教育发展与进步。为解决法学学科培养模式单一，以及应用型、复合型法律职业人才培养不足问题，教育部、中央政法委于2011年12月发布了《关于实施卓越法律人才教育培养计划的若干意见》，这是自中华人民共和国成立以来由教育行政主管部门颁布的法学高等教育专门指导性文件。2012年年底，“卓越法律人才教育培养计划”开始实施，但实施效果仍不显著，教育质量仍待提高。于是2018年10月，教育部、中央政法委发布了《关于坚持德法兼修实施卓越法治人才教育培养计划2.0的意见》，这是1.0版本的升级版，提出了新时代改革任务和重点举措，包括：厚德育、重实践、深协同、强德能，高校应紧密结合自身特色优势，不断提高专业建设与社会需求契合度，鼓励高校组建跨专业、学科、学院教学团队，构建涉外法治人才培养新格局，发展“互联网+法学教育”。

2019年4月，广西教育厅、广西壮族自治区政法委公布了《广西实施卓越法治人才教育培养计划的意见》，要求建立体现广西特色的法治人才培养体系，卓越法治人才是平安广西的坚实基础。其改革任务与重点举措包括：建立法治和德治相互促进机制；主动适应广西法治建设需求，紧密结合广西民族地区特色及东盟国家毗邻优势强化法学专业建设；创建协同培养机制；重视现代教育技术应用；拓宽与东盟国家院校合作交流渠道等。目前“卓越法治人才教育培养计划”已成为教育部2019—2021年“六卓越一拔尖”计划之一，也是法学教育改革最核心、最紧迫的任务。

“卓越”意指“杰出”“超出一般的”。广西应用型本科高校可立足广西、面向东盟，即根据广西壮族自治区位特点、东盟国家的需要，培养德法兼修卓越法治人才。其中广西壮族自治区位特点有：属于西部地区，需要基层法治人才，基层包括地方企业、事业单位、法院、检察院、仲裁院、律师事务所、社区、村等；经贸区域包括广西自贸试验区、北部湾经济区、泛珠三角区域，需要区域法治人才；少数民族自治区，需民族法治人才；对外区域包括中国-东盟自由贸易区。广西是中国“面向东盟的国际大通道”，“一带一路”有机衔接重要门户，需东盟法律人才。

在经济全球化背景下，由于不同的历史、宗教、风俗习惯，故利益主体在经济、社会、安全等领域，容易形成各类纠纷、争端，处理这些矛盾需要高质量法治人才作为保障。地方院校特别是应用型本科高校的资源和竞争力有限，与传统名校存在若干差距，唯有立足所在地，结合自身特点与优势，科学定位，而非简单模仿套用名校做法，对卓越法治人才培养模式深入研究，才能在激烈高校竞争中找到一条适合自己的康庄之路。

二、意义

顺应国家法治建设，维护地区、区域、民族聚居区和谐稳定。党的第十九次全国代表大会报告提出：“坚持全面依法治国，是中国特色社会主义的本质要求和重要保障，需提高全民族法治素养和道德素质。”党的十八届四中全会决议提出：“全面推进依法治国，需加强法治工作队伍建设。”为适应国家法治建设需要，卓越法治人才教育培养计划被提出来，这是提高法治人才培养质量的重要举措，也能为社会主义建设发展提供智力保障和人才支持。通过教育改革增强法治意识，依靠卓越法治人才解决民族地区、跨国、边境发生的矛盾纠纷，维护和谐稳定秩序。

服务地区、区域、民族聚居区、东南亚国家经济社会发展需要。法学本科教育主要承担为地区、区域、民族聚居区、东南亚国家培养合格应用型法治人才重任。通过卓越法治人才培养模式创新，能促进院校进一步提高法治人才培养质量，提升教研水平。依据现实需求培养人才，能提高法学毕业生实践能力与综合素养，增强学生的工作能力与社会需求间的匹配度，实现顺利就业。

实现人才培养多样性、特色化，提升院校核心竞争力。2000 年扩招以来，法学本科学生人数不断增长，但质量难以保证，知识同化，就业困难。社会发展对人才需求呈现多样化特点，不同层次、不同类型的岗位对法治人才要求不一，有的需要扎根基层从事法律工作，有的侧重学术，有的需要处理民族聚居区纠纷的特殊技能。社会需求多元化要求法治人才多样化。相对于传统名校，只有找准院校自身定位，凸显优势与特色，并通过创新卓越法治人才培养模式，才能满足社会多元化需求，提升院校核心竞争力，从而实现可持续发展。

第二节　国内外研究现状分析

一、国外研究现状

卓越法律人才培养一般与世界一流大学建设研究联系在一起。学者们研究发现：法国曾在 2010 年启动一流大学的卓越大学计划，① 日本曾启动 21 世纪 COE、全球 COE 计划(Center of Excellence Project)，提出了全球顶尖大学项目，要求学生全面了解法律职业相关各类知识。韩国也提出了智慧韩国 21 世纪计划、世界一流大学计划。② 为培养卓越法律人才，会侧重培养学生法律实践能力，各大法学院有不同的教学方式，例如，哈佛大学法学院主要采用判例教学法，主要进行思辨思维训练，注重培养学生个人担当能力和社会责任感。③ 耶鲁大学法学

① 张慧，张梦琦．法国创建世界一流大学的战略实践——以索邦大学为例[J]．比较教育研究，2016(6)：22.

② 杨栋梁．日本推行高等教育改革的新举措——《21 世纪 COE 计划》评述[J]．日本学刊，2003(5)：120.

③ 汪习根．美国法学教育的最新改革及其启示——以哈佛大学法学院为样本[J]．法学杂志，2010(1)：33.

院主要通过法律诊所树立学生的法律信仰，侧重对社会问题的关注。① 德国则主要通过案例研习课开展实践教学，培养学生创新能力与批判思维，将学术教育与职业教育结合。② 哥伦比亚大学的讨论班主要采取精英化培养方式，倡导自由学习，让学生有充分阅读思考与讨论的时间，发挥学生创新性，实践机会多。③

二、国内研究现状

自2011年《关于实施卓越法律人才教育培养计划的若干意见》发布以来，卓越法律人才培养成为了学术界热议的话题，研究主要围绕应用型卓越法律人才培养展开，侧重职业技能、实践能力的探讨。

有的高屋建瓴进行宏观分析，认为现有法学教育中，应用型法律人才非常缺乏，通过卓越法律人才教育培养计划能重构应用型法律人才培育机制。分析了法律人才实践能力不强的原因，提出了增强实践能力的举措，包括师资实践能力培养、实践基地建设、实践方法改进。④ 有的以卓越法律人才培养计划为背景，对实习改革进行了专项研究，认为“卓越计划”对法学专业校外实习有重要意义，但仍存在实习基地建设利用不足、实习质量控制体系缺乏有效性等问题，故需拓展实习基地合作路径、改革实习质量控制体系。⑤

有少数学者探讨了西部、涉外、复合型卓越法律人才培养。有的认为卓越法律人才培养机制能促进法学实践教学模式变革，西部基层卓越法律人才培养需要科学地定位法学实践教学目标，合理设置法学实践课程体系。⑥ 有的认为卓越涉外法律人才培养中，需要树立国际法学教学理念，优化国际法学课程设置，进行

---

① 胡铭．司法竞技、法律诊所与现实主义法学教育——从耶鲁的法律现实主义传统展开[J]．法律科学(西北政法大学学报)，2011(3)：44.

② 卜元石．德国法学教育中的案例研习课：值得借鉴？如何借鉴？[J]．载中德法学论坛[M]．北京：法律出版社，2016：45.

③ 菲利普·G. 阿特巴赫．21世纪美国高等教育——社会、政治、经济的挑战[M]．北京：中国海洋出版社，2010：4-5.

④ 朱志峰．由“卓越法律人才教育培养计划”看中国法学教育模式变革[J]．社会科学研究，2013(6)：80.

⑤ 邓峰．“卓越计划”背景下法学专业校外实习改革探索[J]．边疆经济与文化，2016(5)：69.

⑥ 田开友，胡道武．西部地方高校法学实践教学模式的变革研究——以西部基层卓越法律人才培养机制为视角[J]．现代教育科学，2014(7)：148.

复合教学，培养国际化教师，搭建国际教学平台。①

随着2018年“卓越计划”2.0提出，相关研究成果不是很多，个别学者认为新时期卓越人才培养中存在学科划分封闭严重，合作办学力度不足等问题，急需进行法学理论与实务教学改革。② 有的以卓越计划为背景，围绕一流法学院校建设提出了自己的见解，包括：建设面向未来的世界一流法学学科的目标，未来科技法治研究创新平台。③ 而2.0版本下广西应用型本科高校卓越法治人才培养较少探讨。有少量研究集中在1.0版本的卓越法治人才培养模式中，主要围绕师资、培养计划、与实务单位联合培养机制进行阐述。④ 认为卓越计划是一流名校的事，讨论局限于一般的实践教学方法、课程体系、师资队伍建设、与司考培训机构合作办学中，缺少特色。⑤

三、国内外研究现状综评

综上，卓越法律人才培养探讨是国内外研究普遍关注的，2.0版本“卓越计划”提出后，产教融合、实践教学体系改进仍是关注的焦点。西部卓越法律人才培养中，专项立足于某地区、区域、民族聚居区的不多，虽有若干关于广西民族教育的研究，但民族法学教育探讨较少。虽然对涉外卓越法律人才培养研究有一定基础，但专项面对东盟国家探讨的仍不多，仅在个别民族或师范高校研究中偶有涉及，且较少结合“卓越计划”2.0版本进行讨论，只是对涉外法律人才培养进行宏观论述，近期研究多在“一带一路”法学教育中附带提及。

随着教育改革的深入，新科学技术手段的普及，2.0版本比1.0版本有了更多新变化。“卓越计划”不应是一流大学的专属，广西应用型本科高校也应以此为契机，树立信心，提升自己。因此，新时代广西应用型本科高校“卓越法治人

---

① 张晓京．深化国际法学教学改革　培养卓越涉外法律人才[J]．湖北经济学院学报(人文社会科学版)，2016(4)：208.

② 蔡红．基于卓越人才培养的法学理论与实务教学改革[J]．吉林广播电视大学学报，2019(6)：130.

③ 周晓伟，王轶：法学要发出中国声音、提出中国方案、探索中国模式[J]．公民与法(综合版)，2018(12)：25.

④ 贾委．“卓越法律人才”培养教育的探索与实践[J]．教育现代化，2017，4(30)：16.

⑤ 范贞．司法考试背景下独立学院法学专业人才培养模式研究[J]．教育教学论坛，2016(19)：25.

才”培养模式探索与实践研究是非常必要的。

第三节　现实问题

一、思想道德教育引领不够，法学课程思政体系构建不完善

卓越法治人才需具备良好的法律职业道德，因为法律的最高目的即维护社会公平与正义。若法律工作者没有坚定的理想与信念，不遵守职业道德，知法犯法，则会影响法律权威性，削弱司法公信力。故忠于职守、政治觉悟高、忠诚于中国共产党与国家特色社会主义法治建设事业，是卓越法治人才必备条件。

法律的本土性和民族性是我国法学教育的重大问题，培养卓越法治人才终极目的是为实现中华民族伟大复兴，若不了解中国国情、自治区情，不能从实际出发解决问题，则难以承担时代重任。还需处理好德、法、情、理，以及国内外法制间关系。

目前法学教学中未充分融入上述要点，法学课程思政改革深度与广度不够，体系构建不完善，仅有少许对宪法、法理学课程思政研究，对其他法课程思政探讨较缺乏。思政教育融入法学课程具体路径也急需探索。

二、定位模糊，特色不鲜明

培养计划需根据广西地区、区域、民族、东南亚国家的现实需要，依托其他高校资源，结合投资方、合办方特点适时调整。院校发展的根本与走向依赖合理的定位，清晰的定位能促进高教系统有序运行。而目前广西应用型本科高校法学院系出现了无序定位、盲目定位、参数单一、目标过高、方向模糊、定位趋同等问题。在现实约束条件下不能合理规划，不能与院校自身情况紧密结合起来，不利于各院校深化合作与错位发展，难以凸显自身竞争优势、特色、强影响力。

三、课程体系设置单一，实务类、特色、交叉课程较少

法学与其他学科、专业融合度不够高，合作较少，未能充分拓展领域，构筑完整体系。社会阅历、经验与知识体系不足，导致法律工作者在面对综合类实际

问题时常常无所适从。因此，卓越法治人才培养，除了掌握法学专业课程知识以外，也需了解相关联的经济学、社会学、管理学甚至工学、理学等知识，并掌握技能。

四、培养的法治人才难以满足地区、区域、民族需要

依据前述广西壮族自治区位特点，其沿海、沿江、沿边，在西部地区、经贸区域、少数民族自治区、中国-东盟自由贸易区中，行政调解、处罚、复议、经济与劳动仲裁、民事、刑事诉讼不断增多，涉案人数多且案情愈发复杂。法学教育不仅要立足广西地区经济社会发展、区域、少数民族需要，还要服务于“一带一路”背景下东南亚国家建设需要。但实际上，院校培养出的法学学生常常难以满足这些需要。在已就业的法学学生中，虽能成功就业，但从事法学相关工作的只占三分之一左右。企事业单位、少数民族聚居区及公、检、法等实务部门常招不到合适的法学学生，有的抱怨学生缺乏实际工作能力，有的人才流失严重。

五、对外法治人才培养不足，东盟法律人才紧缺

“一带一路”背景下，各国联系日益紧密，交往日益增多，引发的跨国、边境法律问题也不断增加，例如：劳工、走私、贩毒、环保等问题。对于广西而言，特别需精通东南亚国家法律原理，也熟悉相应法律实务技能的人才。这是应用型本科高校法学教育的挑战，也是提升竞争力的机遇，是“一带一路”顺利实施的重要保障。

但目前的法学教育，与外语教育融合仍不够，法学学生的外语水平，特别是东南亚语言能力仍待提高。在教育过程中，也未能及时根据地区、区域、东南亚国家需求，拓展学生的东盟国家法律知识与实务技能。与东南亚国家法学院校、实务单位交流与合作较少。可见，应用型本科高校的对外法学教育水平仍较低，培养的学生难以实现服务区域、东南亚国家需要。

六、创新创业、实践教学体系不完善，政、校、企、行业协同育人平台未能充分搭建

实践教学方式、方法、手段单一、滞后，未及时与科学技术发展同步。

师生创新创业、实践经验不足。虽然与法院、检察院、律所等实务单位建立了合作基地，但合作范围较窄，程度不深。创新创业、实践基地数量不够，种类不够丰富。与东南亚国家法学院校、实务单位未搭建好实践平台。创新创业、实践教学设备与设施不健全，硬件配备不足，设置不够规范，使用效率不高。

双师型教师、熟悉广西地区、区域、民族、东南亚国家法律的教师仍不足。教师考核与评价标准较侧重科研和理论教学，创新创业、实践教学未能充分纳入教师考核与评价标准中。学生创新创业、实践能力的考核与评价标准体系也尚未完善，缺乏全过程、实时动态的教学评价机制。

对法治实践的本土经验不够重视。目前我国法学的概念与话语体系主要借鉴西方，对我们本土的、民族的、区域的法治经验与优势，未能及时归纳总结，未能充分发挥我国几千年的优良传统文化作用。

七、互联网、多媒体、人工智能等科学技术运用到法学教育不足

随着 5G 运用、6G 到来，人工智能、大数据、云计算、多媒体技术发展，互联网应用不断升级换代。这些科学技术运用到课堂教学中，能提高教学效率，改变现有的单一教学手段，达到良好教学效果，特别是面对现实突发状况，例如肺炎疫情，其能突破时空限制，及时克服困难，维持正常教学秩序。互联网资源也能促进教研，例如：中国法院网上公布的指导性案例，裁判文书网、北大法宝都有丰富的线上资源。

然而仍存在若干问题：部分教师未充分认识改进教学手段的重要性，认为引入科学新兴技术用于教学中的意义、价值不大，仍固守传统单一教学手段。有的学生投机取巧糊弄网课，难以监管；有的教师因为不会操作相关软件或在平台操作过程中遇到一系列技术性问题，无力解决，抱怨耗时耗力，因此放弃继续使用互联网、多媒体技术手段；有的科技手段缺乏足够资金与政策支持，未能及时配备相关硬件或软件设备，难以投入使用或无法顺利运行；有的网络资源未能及时实现共享，导致重复开发，资源浪费或闲置；有的高校缺乏新兴科学技术手段相关培训，师生难以掌握操作规范；新技术的应用未能及时纳入教学考核与评价指标体系，质量管理体制机制还不完善。

第四节　研究的主要内容

新时代应用型本科高校“卓越法治人才”培养模式探索与实践中，主要以广西应用型本科高校为例，针对上述现实问题，主要研究如下内容。

一、深入、持续开展法学的课程思政改革，创新思想道德教育内容融入法学课程体系的方式方法

从教学目标、大纲、内容、教学方法、手段、实践、评价等方面渗透外，还可探索以下融合途径：政治素养培养；爱祖国、爱家乡、爱民族，立足本土、扎根本土，为广西地区、区域、民族聚居区服务；开设法律职业伦理道德课程；不仅依据法条，还考查习惯，协调情理法之间的关系；传承民族传统文化；整合古今中外法治文明资源，协调国内外法学关系。

二、适时调整培养计划，科学定位

基于广西壮族自治区区位特点，有特定区域的地缘优势，也有熟悉的地区、区域、民族知识。根据应用型高校法学学生择业、就业去向，例如一般倾向于在基层就业，包括：社区干部、村干部、法律服务人员、司法人员、少数民族纠纷调解员等。

依托其他高校资源，结合投资方、合办方特点。拟定位于培养立足广西、面向东盟的新时代德法兼修卓越法治应用型人才，即立足广西地区、区域、民族自治区、东南亚国家需要，培养能为地区、区域、民族聚居区、东南亚国家经济社会发展服务，有职业道德素养，熟练掌握法学及相关拓展知识与实务技能的高素质法学专业技术人才。

根据实务单位法治人才需求，不断调整并完善培养计划。探索开设“基层法务实验班”“企业法务实验班”“民族法务实验班”“东盟法务实验班”。

三、课程改革，立足于广西地区、区域、民族、东南亚国家需要，培养地区、区域、少数民族法律人才

完善课程设置：原有专业理论课基础上，增设创新创业、实务类课程，例如

司法文书写作、司法口才与实务技能、律师实务、法官实务、书记员实务、少数民族纠纷调解实务、仲裁实务等课程。职业资格考试相关课程，例如法律职业资格考试、公务员考试课程。

为形成院校自身鲜明特色以提升核心竞争力，根据院校独有的优质资源开发特色课程，例如：地区、区域法治，民族习惯法，东盟国家法律制度，英国、泰国法律、文化概况课程。

进行相关学科、专业的课程开发，促进智力成果转化为现实生产力，谋求法学发展新增长点。法律职业需要各学科专业知识作为支撑，因此，可探索开发课程：与国际贸易专业开设国际商法、经济法课程；与税收学专业开设税法课程；与外语专业开设法律英语课程；与烹饪专业开设食品安全法课程；与管理专业开设安全法学课程；与计算机专业开设互联网法律法规、人工智能法学、法学大数据分析、软件法课程。

四、探索培养面向东盟的卓越法治人才

在“一带一路”背景下，广西与东盟各国交流也愈发深入。因此，广西应用型本科高校法学教育可侧重培养熟悉法律英语、东南亚国家语言，同时又具有相关法律技能的卓越法治人才。尝试跨学科、跨专业、跨院校，将法学专业课与基础英语结合。通过听、说、读、写、练等方式提高教学质量。在此基础上，可进一步拓展东南亚国家语言与法学专业课融合路径。同时也加强东盟国家法律知识、实务技能教学与科研。

与东南亚国家法学院校加强交流与合作，探索共同培养卓越法治人才方式，例如：合作办学、学术会议、讲座、论坛、科研校际交流、实习实训，通过“3+1”“3. 5+0. 5”模式，输送外语优秀学生到东南亚合作院校培养0. 5~1年，学习当地的法律知识、实践技能、文化、历史等，以培养面向东盟的卓越法治人才，顺利实现就业，满足服务“一带一路”的需要。

五、产教融合，创新产学研合作平台，协同育人

针对广西地区、区域、少数民族聚居区、东南亚国家具体需求，加强政、校、企、行业合作，共同培养法治人才，使法治人才符合实际需要。政府在政

策、资金等方面提供保障。企业、行业能为院校提供丰富的实务案件资源与实战经验，同时根据自身发展需求，将疑难问题及时反馈院校，通过横向合作项目以实现校、企、行业共赢。

校、企、行业也能为政府科学决策出谋划策，例如：师生参与政府立法咨询、项目调研等，进一步认识实务单位需求，从而更好保证了卓越法治人才培养质量。涉及东盟国家的法律实务，与法院、律师事务所、法学会联合起来，开展创新创业、实践训练。探索“订单培养”，促进学生顺利就业。

六、完善创新创业、实践教学体系

院校与实务单位应在人才培养方案的目标定位、课程设置、实训环节、实务教材编写、考核评价、资源共享等方面深度合作，协同创新。创新创业、实践教学方式方法也需改进，例如：可探索社会实践调研、田野调查法、案例教学法、模拟法庭、法律诊所、论辩式教学法。担任法律服务志愿者、举办法学创新创业教育讲座、论坛、竞赛、项目研究。

师资方面，教师需要坚定的政治立场，要主动学习地区、区域、民族、东南亚国家法律知识、语言、文化，以及法学相关学科、专业知识，努力提升综合素养与创新创业、实践技能，继续建设专兼结合的法学“双师型”师资队伍。将实务单位人员请进院校任职，教师也需到实务部门挂职锻炼、开展调研，到东南亚国家访学、进修，加强交流与合作，提高实践力。

完善创新创业、实践考核与评价体系，包括政治思想、应用能力考核，探索全员、过程考核制。与学生第二课堂活动结合，例如法律援助、法律咨询、普法宣传等，探索学分认定与转换办法。

不断拓展创新创业、实践基地，丰富其类型，提高其利用率，打造示范基地，整合资源，与相关学科专业的创新创业、实践基地探索建立共享机制，提高工作效能。

七、提高互联网、多媒体、新兴科技运用能力

充分认识新技术革命积极作用。改进技术手段，优化线上平台，加强培训，及时解决疑难杂症。探索利用科学技术手段增加教学过程趣味性、吸引力，激发

学生创造力的方式方法。提供个性化指导，及时解决问题。探索虚拟仿真实验。

线上平台多样化，以克服拥堵等不良状况发生。打造法律专属平台，例如劳务纠纷法律应用平台、公司法实务平台等。利用网络、新兴科技教学平台实现国内外、校内外、校际优质资源共享。

进一步完善监管体制机制。考评指标多元化，从课前、课中、课后，课内外，理论学习与实践操作，线上互动与线下巩固拓展等环节，探索综合考评。同时，也需要资金、技术与政策的支持。

第五节　研究目标与创新

一、研究目标

通过本研究，更科学定位，完善课程设置、创新创业、实践教学体系，更好搭建协同育人平台，提高新科学技术运用能力，培养新时代广西应用型本科高校“卓越法治人才”，更好地服务于地区、区域、东南亚国家经济社会发展需要，为同类院校法学教学改革提供借鉴。

二、创新之处

此前学者们多围绕《卓越法律人才教育培养计划》1.0 版本进行探讨，聚焦广西的较少，随着 2.0 版本的出台，国家提出了新要求，现实中也出现了新问题，新问题急需解决对策，然而新问题的探讨，仍不够充分，针对广西应用型本科高校卓越法治人才培养模式研究更少。因此，本研究能及时结合当前法学教育改革重大焦点问题，主题具有一定创新性，也符合应用型本科高校转型发展实际情形。

“立足广西、面向东盟”，根据广西壮族自治区区位特点，即西部地区、经贸区域、少数民族自治区、对外区域，东南亚国家经济社会发展需要，培养德法兼修卓越法治人才。相对现有研究主要围绕宏观地方、笼统的涉外法律人才培养，更有针对性，更能符合当地需要。也能发挥区位特点、优势，结合应用型本科高校自身情况，更具特色性，避免与其他院校同质化，提高竞争力。

研究内容全面，紧密围绕《卓越法治人才教育培养计划》2.0版本新要求，针对新时代出现的问题进行深入研究，提出了一系列务实新颖改革举措，比现有研究单独探索某一领域，更具整体性、系统性，促进应用型本科高校提高法学专业人才培养质量。研究方法中运用个案法，例如：以若干个广西应用型本科高校为例，同时采用民族学、人类学的田野调查法，以及中外比较法，能更客观、辩证分析问题。

提出了改革举措的新观点：探索思想道德教育内容融入法学课程体系的方式方法，以实现德法兼修。根据区位特点，以及实务单位的需求，不断调整并完善培养计划，完善课程体系设置。进一步搭建政、校、企、行业协同育人平台。与东南亚国家法学院校共同探索卓越法治人才培养方式。加强双师型教师队伍建设，教师需不断提升综合素养，同时需要熟悉广西地区、区域、民族、东南亚国家法律知识，并提高其技能。探寻互联网、多媒体、人工智能等科学技术与法学教育的有机融合路径。

第六节　实施方案和效果

设计研究方案，收集相关研究资料，开展实践调研，进行数据统计与分析。适时调整、完善人才培养计划，科学定位。实施法学课程思政教学改革，创新思想道德教育内容融入法学课程体系的方式方法。根据广西地区、区域、民族、东南亚国家经济社会发展需要，与法律实务单位需求，和东南亚国家法学院校共同探索卓越法治人才培养方式，改革课程设置。

产教融合，创新产学研合作平台，搭建政、校、企、行业协同育人平台，完善创新创业、实践教学体系，包括：法学专业课程实验、实训教学大纲、教学方式方法、师资队伍、考核与评价制度。探索互联网、多媒体、人工智能等科学技术与法学教育的有机融合路径。拓展获取广西地区、区域、民族、东南亚国家法律知识及技能的渠道，为改革的后续延伸研究铺平道路。

通过研究，每年可让应用型本科高校法学专业学生从中受益，并在合作院校的学生当中产生良好的影响。该教学模式成熟后，还可向其他地区同类院校进行推广和交流，为同类院校法学教学改革提供借鉴，届时受益面有望同步扩展到外校法学专业及其他专业学生，因此受益学生将更多，教学人员也能提升自己的专业素养和综合素质。此外，与该项目进行合作的法律实务部门、企事业单位也将受益，间接促进地区、区域、东南亚国家经济发展，社会稳定。

第二章 思想道德教育融入法学教育研究

第一节 法学教育中的公民权利教育

改革开放30多年来，中国公民权利事业取得了有目共睹的巨大成就。中国人口多、区域差异性大、发展不平衡，在进一步改善民生和公民权利状况方面还面临不少挑战。中国政府将继续从本国国情出发，坚持以人为本，始终把人民愿望和要求放在心上，采取切实有效的政策措施，大力促进社会公平、正义与和谐，推动中国公民权利事业不断取得新的进展。

在十二届全国人大一次会议闭幕会上，中华人民共和国主席习近平发表讲话时提到，党的十八大报告中也曾多次强调：要“加强社会建设，必须以保障和改善民生为重点”，“要多谋民生之利，多解民生之忧，解决好人民最关心最直接最现实的利益问题。在学有所教、劳有所得、病有所医、老有所养、住有所居上持续取得新进展，努力让人民过上更好生活。”如今，习近平总书记再提“中国梦”要“不断为人民造福”。公民权利的思想已经融入国家各方面，特别是将公民权利思想融入法学教育中，已经迫在眉睫。

法学教育中的公民权利教育，即在法学教学与科研中，将公民权利的思想、有关法律规定融入其中，以期为中国、世界的公民权利事业起到促进作用，更好地在理论与实践中维护民众的合法权益，促进中国内部、世界的和谐，早日实现美好的中国梦。

一、法学教育中的公民权利教学现状

(一)国外研究现状

目前，美国明尼苏达大学、英国诺丁汉大学、英国牛津大学、瑞典隆德大学

等高校都开设了公民权利课程。例如：美国明尼苏达大学在文学院开设公民权项目，其公民权中心设有图书馆与资源中心。英国诺丁汉大学在法学院设有公民权利法律中心，该中心为诺丁汉大学主要教学研究机构。英国牛津大学也在法学院设有公民权研究机构，其是牛津大学主要教学研究机构。瑞典隆德大学法学院与罗尔·瓦伦堡研究所也共同合作开设了公民权法律项目，该项目包括国际劳工权利、国际知识产权等。

这些教学研究机构主要围绕了公民权的内涵，区域性公民权文件、国际劳工组织文件、自决权利、防止歧视、保护被拘留或监禁的人、社会福利、难民等问题进行教学与研究，取得了一定的成效。

国际的公民权法律体系也已初步构建，主要通过宪章、国际公约、宣言、文件体现。例如：《经济、社会、文化权利国际公约》《经济、社会、文化权利国际公约任择议定书》《公民权利和政治权利国际公约》《公民权利和政治权利国际公约任择议定书》《旨在废除死刑的〈公民权利和政治权利国际公约〉第二任择议定书》。

联合国核心公民权利公约包括：《禁止酷刑和其他残忍、不人道或有辱人格的待遇或处罚公约》《禁止酷刑和其他残忍、不人道或有辱人格的待遇或处罚公约任择议定书》《消除一切形式种族歧视国际公约》《消除对妇女一切形式歧视公约》《儿童权利公约》《儿童权利公约关于儿童卷入武装冲突问题的任择议定书》《儿童权利公约关于买卖儿童、儿童卖淫和儿童色情制品问题的任择议定书》《保护所有移徙工人及其家庭成员权利国际公约》《残疾人权利公约》《保护所有人免遭强迫失踪国际公约》等。①

区域性公民权文件则涵盖了欧洲、美洲、非洲、阿拉伯和亚洲。例如：《欧洲保护少数民族框架公约》《东南亚国家联盟宪章》等。这些都为公民权法学教育和科研奠定了基础。截止到 2013 年 6 月，世界共有 29 个国家制定了公民权保护行动计划，这些国家包括澳大利亚、巴拉圭、巴西、菲律宾、哈萨克斯坦、韩国、立陶宛、秘鲁、尼泊尔、泰国、西班牙、印度尼西亚、中国等。各国也正通过法学教育的方式将公民权的思想融入民众心中，体现在行动上。

---

① 白桂梅．人权法学[M]．北京：北京大学出版社，2011：76.

（二）国内研究现状

我国明确了 2012—2015 年促进和保障公民权的目标和任务。例如：在高等院校开设公民权课程，支持相关学科和专业的建设，鼓励开展公民权理论研究。发挥高等院校中的国家公民权教育与培训基地的作用，新增 5 个国家公民权教育与培训基地。

目前，中国的南开大学、中国政法大学、广州大学已经建立了 3 个公民权教育与培训基地。基地主要致力于公民权教育与理论研究，编写教材，组织社会与师资培训，向国家相关部门报告并接受咨询，开展公民权的国际交流合作等。

北京大学法学院开设有公民权研究中心，其主要涉及刑事诉讼法、行政法、比较法和其他公民权领域。该中心正不断扩大和国际合作研究的范围。2004 年起，瑞典的罗尔·瓦伦堡研究所与北京大学法学院公民权研究中心共同举办了公民权硕士项目。北京大学法学院公民权研究中心曾得到瓦伦堡研究所资助，开展了中国高校公民权教育年会、研讨班等交流活动。

目前我国高校专门在法学教学中设置公民权课程还较少，即专业的公民权法学课程开设还很薄弱。已经开设有公民权法律课程的高校，也多以专业任选课形式出现，成为专业必修课、核心基础课的较少。而由法学院、系派出师资到高校其他专业的通时选修课有一定比例，但也不多。

在专业的法学教育课程、全校的相关通选课中，公民权的思想只能零碎体现在一部分知识点上，没有明确地提出与界定，也没进行系统的阐述，对一些公民权的基本概念，例如公民权的定义、历史地位、主体、主体的分类、形态、属性等，都没有形成基本的共识，而学术界对这些问题的研究也不够充分。

这些都为顺利开展法学教育中的公民权利教学奠定了基础，但也还需不断完善与创新。从国内外的研究现状可以看出，法学教育中的公民权利教学工作还比较薄弱，因此，需进一步充分探讨。

二、法学教育中融入公民权利教学的必要性

研究虽然已经取得了初步的成效，但仍然任重道远。从公民权的定义中，可以看出其包括的内容广泛，情况复杂。我国在公民权事业持续稳健推进过程中，

不仅制订了国家计划，更需切实采取适当的方法促进计划的实施，也强调要依法推进。高校的法学教育是保证法学理论与实践人才与法治国家的重要基石。这里的依法推进，即根据我国宪法中的国家尊重和保障公民权利的原则，遵循国际公民权的公约基本精神，从立法、行政、司法等各方面保障公民权的法律法规体系与实际实施。①

国家为保障公民权中的经济权利方面，特别提出，要大力调整收入分配格局，增加中低收入者收入，提高劳动报酬在初次分配中的比重。在公民权中的社会权利方面，提出新型农村社会养老保险和城镇居民社会养老保险实现制度全覆盖，医疗保险要基本覆盖城乡居民，工伤保险要完善预防、补偿和康复的工伤保险制度体系。社会救助要实现城乡均等覆盖，农村五保供养的标准要提高，劳动法和社会保障法所涉及的制度与法律规定也需进一步完善。但我国目前仍然存在贫富差距增大的情况，而社会保障体系虽然在努力构建广覆盖、保基本、分层次、可持续的体系，但仍然是低水平的，与发达国家的社保福利距离仍然相距较远。就业形式仍然严峻，劳动就业中仍然存在性别歧视、劳动保护条件缺失等问题。

在公民权中的环境权利方面，国家要求将公民权保障与生态文明建设结合，加快转变经济发展方式，着力解决饮用水源、重金属、大气、土壤等关系民生的突出问题，治理沙化面积新增1000万公顷以上，治理水土流失综合面积新增20万平方公里。我国目前的环境问题主要存在于大气环境、水污染、动植物领域中。例如：滥砍滥伐、不注意保持水土导致的雾霾，对人们身心造成不良影响，动植物多样性丧失，珍稀动植物濒临灭绝。有的工业污水没有经过专业处理就乱排放，农业用水被污染，这些都会造成人畜的慢性中毒、急性中毒甚至死亡，由此引发的经济损失巨大。想要恢复原有的生态，则会耗费大量人力、物力、财力。这些都还需环境与资源保护法、国际性法规不断完善、普及、执行。

国家公民权行动计划特别强调要调整和细化逮捕、取保候审、监视居住等强制措施的规定，保证律师执业中的人身、辩护、辩论权，严禁刑讯逼供，防止不必要的羁押等。而目前超期羁押、严刑逼供致人伤害或死亡、律师人身权受威胁等现象仍然存在，这不利于公民权利的保护与实现。在公民权中的政治权利方

① 梅扬．比例原则的适用范围与限度[J]．法学研究，2020(2)：57.

面，强调要推进政府信息公开、审计工作信息公开，领导干部任免信息公开等，保证新闻从业人员的知情权、发表权、批评权等合法权益。加大对安全生产、食品药品质量、征地拆迁、环境污染等责任事故的问责力度等。目前，政府、审计、领导干部任免等信息逐渐实现公开化，但仍然不全面不具体，新闻、网络等媒体的发表权有一定完善，但权益的自由度还需加强。而重大安全事故、食品药品事故的频发，不仅危害到公众利益，更不利于中国梦的实现。一些地方有关人员的暴力拆迁事件，则会损害干群关系，严重损坏党与政府在民众中的形象与威信，危害国家安全。因此，必须严格遵守宪法、行政法、刑法、民法等的规定，贯彻立法精神，严肃执法。①

在特殊群体权利保障方面，针对少数民族文化遗产正濒临灭绝的情形，提出对濒危项目与传承人实施抢救性保护、整体性保护，建立相关数据库。面对存在性别歧视问题，提出进一步促进性别平等，消除性别歧视。对于曾出现的儿童乘坐校车安全事故问题，提出要加强校车和校园安全管理。另外，对于老年人、残疾人、农民等特殊群体保护都提出了具体要求。需要对消费者权益保护法、妇女权益保护法、未成年人保护法、社会保障法相关体系不断完善，对其立法精神要不断宣传、教育。

三、如何在法学教育中开展公民权利教学

（一）坚持国家大政方针

要立足于中国特色社会主义的伟大实践，坚持马克思主义为指导，邓小平理论和“三个代表”、习近平总书记的重要思想为指导，坚持科学发展观，构建社会主义和谐社会，加强服务型政府建设，法治政府建设，努力实现中华民族伟大复兴，为全面建成小康社会目标，为建成富强民主文明和谐的社会主义现代化国家的目标努力奋斗，开展公民权利教学工作。

（二）加强课程与教辅建设

可以尝试在法学专业基础课中开设公民权法学课程，也可以在专业任选课中

① 任瑞兴．公民权利质量的意义之维[J]．河南大学学报（社会科学版），2019(2)：68.

开设。针对不同层次的学生，例如：在专科、本科、研究生，独立院校、高职高专等法学其他专业基础课、任选课中穿插公民权利法律的知识。一些关于公民权法的通选课，其主要教学目的是帮助学生了解各学科各专业的知识与作用，凭借学科的多样化以便培养和加强学生的科学和人文素养，提升学生的综合素质，促进学生全面发展，因此，也可适当灵活开设课程。

课程的表现形式也可以多样化，例如：讲座，每周举办座谈会或论坛。在教辅方面，按照教育部和中国公民权研究会的要求，可立足于国际国内公民权理论与实践发展的前沿，进行创新，加强教材的普及性、适用性。教材的相关案例、材料、电子资源、期刊等也要做好相应配套建设。

（三）改进教学方法

可以采用传统的讲授法，将公民权法的知识向学生阐明，此方法较有条理，能更清晰地对公民权法体系进行梳理与知识传授。课堂可以使用讨论法，在教师指导下，全班分小组围绕某一公民权法热点问题发表小组意见，共同探讨，有利于激发学生灵感，培养学生的发散思维，教师与学生的思维也得以碰撞出智慧火花。课后可以采取练习与课外阅读法，通过教师的引导，进行有计划阅读公民权法相关书籍与资料，并思考有关问题，写出读后感。通过公民权法案例以及练习题，能模拟相关权益纠纷的解决，培养学生学以致用的能力。

课外可以采用参观调研法、实习等，通过有计划的调研问题设计，可以发挥学生主观能动性、研究积极性，培养学生的创新精神。通过实习，学生真正接触到实际社会中存在的问题，能提高实际解决问题的能力，能更深刻地理解与掌握课上所学知识，提高学生专业综合素养，更好维护公民合法权益。①

（四）继续深入开展科研与交流活动

根据当前中国改革发展中公民权的现实重要问题，有计划组织课题研究与攻关。主要在影响公民权的重点与难点问题上出成果，系统研究并总结党和政府在治理国家过程中，促进和发展公民权的重大成就与历史经验。普及公民权知识，

① 刘剑文，苗连营，熊文钊，熊伟．财税法学与宪法学的对话：国家宪法任务、公民基本权利与财税法治建设[J]．中国法律评论，2019(1)：1.

加强培训、国内外学术交流、合作，促进国内外高校间、高校与社会组织、机构、团体间的公民权法相关领域交流。

第二节　课程思政融入法学教育研究

一、"劳动与社会保障法"课程思政探索

党的十九大报告指出，中国共产党人的初心和使命就是为中国人民谋幸福。全党要坚持以人民为中心，在发展中保障和改善民生，促进社会公平正义，在劳有所得、病有所医、老有所养、住有所居、弱有所扶上不断取得新进展。报告将提高保障和改善民生水平单独列为一块内容，详细论述了提高就业质量和人民收入水平的战略、政策、机制，以及加强社会保障体系建设的举措。劳动与社会保障法直接关系民众生存、发展、权利保障，是民生问题的重中之重。可见，该课课程思政建设，符合时代与民众需求，具有重大意义。

劳动与社会保障法课程既是教育部确定的法学专业本科十六门主干课程之一，又是法学专业核心基础课程。着重于阐述劳动法和社会保障法的基本理论和基本知识，使学生理解相关基本理念，了解、掌握和运用有关法律规范，掌握劳动法和社会保障法的实体性和程序性规范，增强学生劳动法和社会保障法的实际运用能力，提高法律职业技能。本课程分为Ⅰ、Ⅱ两个部分，涵摄面包括劳动法与社会保障法，共58学时，理论与实践都非常重要。

教学目标在于依据法学专业的需要，进行有关劳动与社会保障法基本理论、基础知识、基本技能的教育和培养，使学生能够运用所学知识分析和解决实践中的实际问题。通过学习考核达到高等学校法学专业本科课程的基本要求。

课程思政育人目标在于面向国家、社会、区域发展需求，培养具有良好道德与修养，遵守法律法规，具有创新意识和实践能力的高素质复合型人才。具体包括：掌握劳动与社会保障法扎实的专业知识；具备劳动与社会保障法专业技能和专业综合应用能力；具有良好的思想素质和道德修养、学习态度和工作作风，能获得解决问题的科学方法；具有创新意识和国际视野；能针对劳动与社会保障法复杂问题，充分利用现代信息技术；掌握文献检索、资料查询基本方法，了解前

沿动态及发展趋势，具有独立获取知识、信息处理和创新的基本能力；具有人文社会科学素养、社会责任感，理解并遵守行业职业道德和规范，履行责任；有团队协作精神，有良好沟通交流能力，有自主学习和终身学习的意识，有良好应变能力。

本课程拟在近年内，大力提高教学水平，以应用型人才培养为目标，重点研究推广实践教学环节，着重学生能力的培养，以及课程思政的融入。在此总体思路指导之下，确立了“劳动与社会保障法”课程达到如下建设目标：以应用型人才培养为基础，重视思想引领，加强学生法律事务处理能力的培养，应当以培养学生的法律事务处理能力为教学目标。构建规范的课程体系，如教案、课件、教辅资料、考核评价标准等体系化；形成科学可行的教学方法体系，建设完整的实践教学体系。形成效果明显的课程实施状态，使学生对专业产生兴趣，以兴趣来促进学习，学生与教师能够很好地互动。

（一）课程建设概况

教学要求在于通过学习使学生系统掌握劳动与社会保障法的基本理论、司法的基本规范，领会其本质和基本精神；培养学生运用所学理论与知识分析解决实际案件的能力，能够正确区分重要概念，准确适用法条。最终使学生具备较为扎实的基本理论知识，为从事劳动与社会保障法研究、司法实践和法律服务工作奠定良好的知识基础。理论教学学时与实践教学学时的比例：“劳动与社会保障法”总课时为 58 学时，其中理论课时 40 学时，实践课时共 18 学时，理论教学学时与实践教学学时比例为 20∶9。

课程师资方面，课程主讲人与成员的专长是法学、劳动与社会保障法、思想政治教学、管理，有的擅长相关司法、人事实务，能敏锐发现及分析现实问题，并思考对策。学历、职称高，主持或参与完成多项省级和校级教育、科研项目研究，发表过多篇高质量课程改革研究论文，课程建设经验、实际案件成果丰富，取得较好实效。团队与其他专业、学科、实务单位建立良好关系，有的签有共建协议，人员分工明确，各展所长，能很好整合各方资源完成课程建设。一直开展相关社会实践调查，有丰富调研经验，已收集的大量图片、录像、数据，为课程建设做好了准备。

教学设计的理念与思路包括：实践是劳动与社会保障法的重要教学环节，因此，本课程着重凸显实践性教学环节，同时也关注课程思政。通过对各种劳动与社会保障法案件审判的学习、模拟和设计性实验教学环节，在课程教学中使学生真实直观地了解劳动与社会保障法律制度的实践性、完整性、规范性以及个案法律适用的复杂性，激发学生主动研究劳动与社会保障法理论的兴趣和热情，对学生进行实践技能和科学研究方法的训练，巩固学生在课堂上所学书本知识，加深对劳动与社会保障法基本概念、基本原理、基本制度的理解，掌握劳动与社会保障案件审判的基本技能，并运用相关理论处理一些实际问题。同时，通过专业实训，拓宽学生的知识领域，锻炼学生的实践技能，培养学生求真务实、科学严谨的工作作风。

课堂教学效果上，根据培养计划的要求制订了该门课程的授课计划，分配了理论与实训课时，能引导学生参与课堂互动，让学生学会了一些观察、分析、解决问题的方法，学生的理论素养和实务技能有一定提高，师生评教反馈良好。但仍有一些不足：思想道德教育引领不够，致使有的学生劳动价值观出现偏差。课程设置较传统，专门根据民办高校学生需求，以及广西地区、区域、民族、东南亚国家现实需要进行课程内容设计较少，近年来劳工、贩毒等问题不断增多，培养的法治人才急需满足地区、区域、民族、涉外等案件需要。实务类、交叉课程内容较少。社会阅历、经验与知识体系不足，导致法律工作者在面对综合类劳动与社会保障实际问题时常常无所适从。因此，除了掌握法学专业课程知识以外，也需了解相关联的社会学、管理学等知识，并掌握技能。实践教学体系不完善，政、校、企、行业协同育人平台需充分搭建。实践教学方式、方法、手段单一、滞后，仍以传统讲授、举例为主，互联网、多媒体、人工智能等科学技术运用到课程教育不足。课程思政元素需纳入考核与评价机制中。

通过课程建设与改革，方能更好提升教学效果，使学生与实务单位、社会各方受益。如今，“劳动与社会保障法”的课堂教学效果，学生普遍予以肯定和好评，体现在：能以马克思主义为指导，深入学习贯彻习近平新时代中国特色社会主义思想，将思想政治教育融入课程教学全过程，实现了思想政治教育与知识体系教育的有机统一。到课率方面，课堂的到课率非常高，很少有学生非正常缺席。注意力方面，课堂秩序好且学生参与问题讨论多，表明任课教师始终能抓住学生的注意力。兴趣点方面，学生乐于在课间、课后与任课教师探讨与论辩，在网上与教师交流感兴趣之处。满意度方面，在“劳动与社会保障法”课程教师教学情况、学生评教问卷调查表中，约90%以上的学生对该课程的教学效果总体评价为“满意”。

对应用技能型人才培养所起到的支撑作用上，劳动与社会保障法在法学体系中占有重要地位，国家的司法考试以及其他专业的研究生和法律硕士研究生入学考试中，劳动与社会保障法内容都占有相当大的比重，法学专业学生在这些考试中顺利通过，说明其能牢固掌握劳动与社会保障法知识。近三年来，笔者所在院系共有多人考取硕士研究生，且通过司法考试，其中，劳动与社会保障法专业研究生占了一定比重。同时，毕业生在工作岗位上的实绩也客观地反映了教学效果，他们中的一部分人进入了劳动与社会保障单位以及法院、检察院、公安系统，还有一些进入了律师队伍之中，这些都很好反映了“劳动与社会保障法”的课程教学质量和效果。

（二）教学内容与方式方法、考核、教辅

教学内容的针对性和适用性。“劳动与社会保障法”课程主要为法学类专业开设。法学类专业就业方向为司法系统、企事业单位法律服务和律师行业，在当前形势下，要想在这些行业工作，必须通过国家司法考试，取得法律职业资格证。同时，法学类专业具有很强的实践性，因此，培养出来的学生还需具有较强的实践能力。为此本课程教学内容针对性与适用性要体现国家司法考试大纲要求，要加强实践性教学内容。

“劳动与社会保障法”课程主要研究相关概念和范围，对基本概念、基本知识、基本理论有全面的了解，并深入理解掌握。对我国重要的劳动与社会保障立法应当掌握理解并能加以运用，培养分析问题和解决问题的能力。劳动与社会保障法课程的基本内容包括：基础理论、劳动法律关系、劳动合同、劳动基准法、工资、工作时间、劳动争议解决法、社会保障法、养老保险法、医疗保险法、工伤保险法、生育保险法、失业保险法、社会福利与社会优抚等。该课程总课时共58学时，安排在第6学期开设，在一学期内集中授课。

教学重点包括：劳动法律关系的主体、客体、内容，劳动关系、劳务关

系、事实劳动关系内涵，劳动合同法，劳动争议处理机构、程序，社会保险特点，养老保险、医疗保险、工伤保险法律法规以及认定，社会福利与优抚种类等。

教学难点包括：劳动关系、劳务关系、事实劳动关系区别与联系，劳动合同订立、变更、中止、终止、解除，如何运用劳动与社会保障法条及原理分析具体案件、处理劳动争议，社会保险与商业保险辨析，养老、医疗、工伤、失业、生育等保险待遇的具体规定、享受条件、特例分析。

将课程思政融入专业教育中，坚持以马克思主义、毛泽东思想为指导，实践性教学内容、方法设计方面的创新有如下方面：

加大实践课程比例。“劳动与社会保障法”是一门应用性极强的课程，结合法学专业应用型人才的培养目标，近几年加大了实践课时，将该课程理论课时与实践课时比例调整至20：9，同时，不断丰富实践课内容，有效地培养学生的创新思维和独立观察、分析问题、解决问题的能力。

坚持课堂实践教学与课外实践教学相结合的思路。课堂实践教学主要采用课堂讨论，精选案例法，角色扮演，模拟审判、法律诊所及法庭辩论等。课外实践教学主要采用庭审观摩，法律咨询，走访调查等。

精选案例法，即教师或学生事先选好案件，案件具备典型代表性、针对性、启发性、适当疑难性与争议性、时代新颖性。学生课前预习相关知识点，分组并对案件解决提出法律依据和对策。课堂中，学生为主体，以组为单位参与案件分析讨论辩论，教师为主导进行点评总结。课后，学生形成书面总结报告，以便今后完善，锻炼学生综合能力。

角色扮演，即教师在某个专题教学中设定场景，让教师、学生分别扮演不同的角色，从而获得对实践工作内容的深刻理解和工作技能的掌握，并形成工作所需的职业态度与实务能力。

法律诊所，即学生模拟为处于生活困境而又迫切需要法律援助的人提供法律咨询，培养法学学生的职业技能和职业道德意识，特别是律师职业技能。模拟法庭，即让学生切身体验开庭前、中、后程序，锻炼实务能力。

建立产、学、研的交互式实践平台。开展法律援助活动。与学院外的社区、市政府法制办、市区劳动仲裁委、已毕业的学生律师及其他司法人员、各类企业、司法实践单位等建立长效联系机制，例如：进行立法咨询活动、开展法律援助、法律咨询、协助劳动仲裁等活动，增加师生实践锻炼的机会。开展社会调查，完成社会调查报告。与实务紧密结合，发现现实存在问题，分析原因、现状，研究出相应问题解决对策，与第二课堂活动、教师科研活动结合，锻炼学生团队协作能力、处理实务能力、科研能力等。为本学院有关职能部门服务。例如：为办公室人事部门处理劳动与社会保障争议案件提供法学专业意见与建议。为学院应用型人才培养改革奠定安定、和谐的人力资源保障。

课程考核及要求包括：体现思政元素和内容的考核要求，形成包含有课程思政元素的综合性考核文本。采用“笔试+实践问题分析及研究能力测试”的“综合测试法”，包括法律诊所、社会调查报告、案例分析等实践课活动的参与情况和平时表现，与期末考笔试分数各占50%。注重理论与实践，期末与平时表现结合的测试与考核。

教材及相关教辅资料的选择和编写情况。教材是体现教学内容、保证教学质量的重要基石。内容丰富、结合实际的高质量教材，能够极大地促进学生对课程内容的理解和掌握，也能拓展其视野。为了保证教学质量，掌握课程体系，“劳动与社会保障法”课程坚持选用教育部推荐的优秀教材以及21世纪教材，如中国人民大学林嘉主编的《劳动法和社会保障法》。为辅助教学，课程组还编写了《劳动与社会保障法》习题集及相应的案例库，作为本门课程的辅助教学资源，并有质量较高的授课讲义和大量丰富的教学参考书，详见表2-1。

表2-1　　“劳动与社会保障法”课程思政教学参考书目

序号	书　名	编著者	出版社	出版时间
1	劳动法	王全兴	法律出版社	2017年2月
2	劳动法原论	史尚宽	正大印书馆	1978年
3	模拟法庭	刘晓霞	科学出版社	2021年2月
4	外国劳动法和社会保障法	王益英	中国人民大学出版社	2001年5月
5	劳动法新论	黄越钦	中国政法大学出版社	2003年4月
6	劳权论——当代中国劳动关系的法律调整研究	常凯	中国劳动社会保障出版社	2004年6月

续表

序号	书　名	编著者	出版社	出版时间
7	中国劳动就业歧视——法律与现实	周伟	法律出版社	2006年1月
8	劳动与社会保障法	郭捷	中国政法大学出版社	2004年
9	社会保障法研究	史探径	法律出版社	2000年4月
10	劳动法教程	关怀	法律出版社	2007年8月
11	劳动法新论	杨燕绥	中国劳动社会保障出版社	2004年11月
12	劳动法学	郭捷、冯彦君、郑尚元、谢德成	高等教育出版社	2014年5月
13	社会保障概论	孙光德、董克用	中国人民大学出版社	2019年8月
14	社会保险法	杨燕绥	中国人民大学出版社	2000年4月
15	社会保障法	王益英	中国人民大学出版社	2003年12月
16	博弈：断裂社会的利益冲突与和谐	孙立平	社会科学文献出版社	2006年1月
17	禁止就业歧视：国际标准和国内实践	李薇薇	法律出版社	2006年4月
18	劳动关系	程延园	中国人民大学出版社	2018年8月
19	社会保障改革何去何从	高书生	中国人民大学出版社	2006年6月
20	劳动法概要	[美]道格拉斯·L. 莱斯利	中国社会科学出版社	1998年6月
21	劳动与社会保障法实务教程	张居盛、唐文娟	科学出版社	2016年9月
22	WTO与中国劳动法律制度的冲突与规避	马特等	中国城市出版社	2001年1月
23	社会保障法律制度研究	种明钊	法律出版社	2000年9月
24	当代美国社会保障制度	杨冠琼	法律出版社	2001年1月

续表

序号	书　名	编著者	出版社	出版时间
25	社会保障分析导论	郑秉文、和春雷	法律出版社	2001 年
26	社会保障法的理念、实践与创新	林嘉	中国人民大学出版社	2002 年 4 月
27	劳动法学案例教程	王昌硕	知识产权出版社	2002 年 1 月
28	中国律师学	陈卫东	中国人民大学出版社	2014 年 7 月
29	现代应用文书写作	杨文丰	中国人民大学出版社	2017 年 4 月

(三)课堂教学的组织，课堂互动式教学情况

经过几年的教学探索，本课程课堂教学的组织中已初步形成互动式教学模式。即真实典型案件、司法考试真题引出知识点、争议点、兴趣点，激发学生兴趣，更好导入课堂学习。基本理论、基础知识讲解，进一步对基本原理、知识讲解、理清脉络，加深理解。强化法条，突出重点法条理解、记忆。对导入的案例等进行讨论与辩论，通过讨论与辩论，锻炼法学思维能力。

拓展案件探讨，易混淆情形辨析，进一步开阔思路，拓展知识与技能广度与深度，通过辨析加强理论与实践能力提升，有效进行课内外互动。司法考试真题演练与巩固训练，与专业职业资格考试密切联系，为学生实际工作奠定基础，更好与社会需求互动，帮助学生顺利就业。法律诊所、模拟法庭、法律援助、普法活动、社会实践调查报告等，培养法学综合素养，实现知识、能力、德育目标。

(四)课程资源与校内外实训条件和情况

课程资源体现课程思政的内容和元素，包括教学大纲、教案、实践教学指导书、课件、教辅资料等。

实践教学条件的建设与使用情况。为了提高教学效果，在有关部门的支持下，本课程的实践性资源的建设与开发方面有了较大的发展，法学专业已与律师事务所签订了实习基地合同，与城区法院、检察院等单位保持了良好的关系。为提高学生的实践能力，组织学生到法院旁听审理，安排学生课余时间、暑假到法院、律师事务所等司法实践部门进行见习，开展经常性的模拟法庭活动，积极建

设实习基地，并已经建成实习示范基地。通过这一系列实践性环节，提高学生的法律意识、理念和实际动手能力。

校内设备与环境的建设和使用情况。完成了模拟法庭建设，并在其中配置了法庭办公家具、电脑、学生课桌椅等相关设备，基本满足了法学正常教学需要，“劳动与社会保障法”实验实训课时开出率100%。购置了模拟法庭专用的服装道具及实训录播系统设备，为学生打造了沉浸式学习环境，进一步提高了学生学习趣味性和积极性，增强了学生实践能力。同时，模拟法庭实验员，负责实验器材和设备的日常管理和维护，为实验室正常运作保驾护航。

校外实训实习基地建设与利用情况。目前，法学专业在校外19家单位建立了实训实习基地。在未来几年内，法学专业还将与各城区法院、检察院、律师事务所及社区签订相关实习实训协议，以拓展学生的实践场所。其中，有的法院和检察院距离学院路程较短，有的则路程较远，有的在市外，各实习实训基地都有毕业实习的学生，每年每个单位均可接收20~30人，利用率较高。虽然部分实习实训基地距离学校较远，例如市中级人民法院、市人民检察院，或不在本市区，但是每年每个单位也均接收了实习学生10~20人，利用率也较高。

（五）特色与创新

教学设计思路清晰，注重“两个结合”，即理论学习与案例分析相结合、理论与司法实务相结合。教学内容与时俱进，随时吸收立法和司法实践中的最新信息和劳动与社会保障法理论的研究成果，并将其体现在教学活动中。教学资料体系完整，编写了一套适应学院教学对象和教学要求的教学大纲、课件、教案、习题集等，并根据时代变化适时修订，形成了完整的教学资料体系。教学方法与手段创新，采取了案例教学、启发式教学、互动式教学，注重问题意识、理论素养和实践能力的培养，形成了务实求新的教学风格。教学手段上运用了多媒体、网络技术等现代教育技术进行教学。初步建立了产、学、研交互式实践平台。

（六）课程改进方向与途径

尽管在教学内容、教学方法、教学手段等方面已经有了一定的改革，但仍有许多不足之处，需要继续做好相关的建设工作：完善和优化教学资源，课程的教学资源需要不断完善和优化，如教材编写等。继续探索教学改革，对互动式教学模式还需要进一步探索，激发学生学习的主动性及积极性。

加强师资力量和教师水平。教师的责任心影响教学质量、学生质量，因此，为提高“劳动与社会保障法”课程教学质量，该课程师资有待进一步加强，将有计划、分批次地安排教师进修和参与教学研究项目。同时，坚持定期进行说课比赛及教研活动，专业教师要向双师型教师转变。

完善学习的线上线下平台，课程配套的网络自主学习平台还有待进一步建设，将提供更多的学习资源和学习形式，例如：师生交流互动平台、司法案例讨论平台、模拟庭审平台等。拓宽实践课平台，要进一步探索校外实践与校内课程结合的新模式，将传统的“引进来”模式与“走出去”模式对接。

表 2-2　　　　**课程思政教学内容选择与安排**

教学周次	授课要点	思政映射与融入点	授课形式与教学方法	教学成效
第 1 周	第一章之劳动法的基础理论；第二章之劳动法的中外历史。主要包括我国劳动法的重要作用：保护劳动者合法权益不受侵犯；合理组织社会劳动，提高劳动生产率；建立和维护适应社会主义市场经济的劳动制度；促进经济发展和社会安定、进步。劳动法的基本原则是劳动立法、执法、司法的基本指导思想，包括：劳动权平等、劳动自由、倾斜保护、保护劳动者合法权益、合理配置劳动力资源、劳动自由与政府适度干预相结合等原则。	党的十九大报告指出：中国共产党人的初心和使命就是为中国人民谋幸福。全党要坚持以人民为中心，在发展中保障和改善民生，促进社会公平正义。将提高保障和改善民生水平单独列为一块内容，详细论述了提高就业质量和人民收入水平的战略、政策、机制，以及加强社会保障体系建设的举措。劳动与社会保障法直接关系民众生存、发展、权利保障，是民生问题的重中之重，符合时代与民众需求。体现社会主义核心价值观之民主、和谐、自由、平等、法治。	案例分析法、课堂讨论法。 将实际工作中出现的问题作为案例，交给学生们研讨，激发其浓厚兴趣，以提高师生政治觉悟。学生的理解、分析、判断、解决问题能力也得以提升。	让学生掌握劳动法的概念，明确劳动法的调整对象，以及劳动法的地位与作用，理解劳动法的基本原则，了解我国劳动法的渊源与体系，从而掌握劳动法学的学习方法，也为劳动法后续基本制度的学习奠定理论基础。

续表

教学周次	授课要点	思政映射与融入点	授课形式与教学方法	教学成效
第2周	第二章之中国和国际劳动法的历史； 第三章之劳动法律关系。 主要包括：资本主义劳动法的产生与发展；社会主义劳动法的产生与发展；中国劳动法的产生与发展。 国际劳动法的概念与特征；国际劳动法的产生与发展；国际劳动法的渊源；国际劳工组织的发展历史；国际劳工组织的宗旨目标与基本原则。	将马克思主义相关理论与本课程有机结合，站稳马克思主义基本立场；理论联系实际，根据中外国情、历史等，具体问题具体分析，理性看待外国劳动法历史、中国与国际劳动法历史；初步形成以马克思主义为指导的劳动与社会保障法内容体系。将爱国主义、优秀民族文化融入，增强对祖国的民族自豪感与文化自信。文化传承的同时，也借鉴国外先进经验，不断优化我国相关法律法规。体现爱国的社会主义核心价值观。	案例分析法、讲授法。步骤为：依据分析目的，选择有代表性的事件作为分析研究对象；全面系统收集相关资料；整理、分类资料；逐项分析研究；对各项分析结果进行综合分析，探求总体的规律性认识。	了解了外国、国际相关劳动法律法规、国际劳动法渊源，掌握了国际劳动争议的责任认定方法，探讨了国际劳动法的完善路径。 将我国劳动与社会保障法取得成就介绍给学生，让学生感受到国家在劳动与社会保障方面做出的努力与成效，让学生明确自己作为中国人、法律人，肩负保障与改善民生的法律责任。
第3周	第三章之劳动法律关系内容； 第四章之劳动就业法概述。 主要包括：劳动法律关系与事实劳动关系的区别与联系；劳动关系与劳务关系区别与联系；劳动法律关系的概念、特征；劳动者的权利与义务；用人单位的权利与义务。	体现马克思主义哲学原理，唯物辩证法中的事物普遍联系性，需把握“度”的原则。体现矛盾对立统一性，要辩证地分析问题。既要看到事物相互区别，又要看到事物相互联系，即要以坚持全面发展的高度为前提，把二者有机统一起来，以实现两者和谐发展之目的。	小组讨论法、辩论法、易混淆情形辨析法。有助于发现和认识真理；开发智力；增长知识；培养良好口才；提高应变能力。	掌握劳动法律关系的概念与特征，理解劳动法律关系与事实劳动关系、劳动关系与劳务关系的区别与联系，掌握劳动法律关系的构成要素，理解劳动法律关系运行各环节对劳动法律事实的不同要求，更好感悟权利与义务辩证统一性。

续表

教学周次	授课要点	思政映射与融入点	授课形式与教学方法	教学成效
第4周	第四章之劳动就业法之调控、服务、管理、教育、培训； 第五章之劳动合同法概述。主要有劳动就业权内涵、种类，包括职业获得权、工作自由权、就业平等权、就业服务权、职业培训、就业援助权、失业保障权。劳动就业法体系：就业调控法、就业政策；就业管理法，涉及港澳台、外国人；反就业歧视法、平等就业法；特殊群体就业保障法，涉及妇女、儿童等；就业服务法、就业指导；职业培训法；就业援助法，涉及困难人群。	要自觉遵守劳动就业法及相关法律法规，恪守职业道德，知法、守法、敬法，不做违法的事情。养成慎独的好习惯，培养高尚的道德品质，任何时候自觉遵守职业道德。体现社会主义核心价值观的诚信原则，劳动者与用人单位皆要诚实守信，遵守社会公德；敬业，即要求公民忠于职守，克己奉公，服务人民，服务社会，充分体现了社会主义职业精神；平等，即反对因性别、血型、身高、种族、宗教、政治见解、民族血统或社会出身等就业歧视。	师生于线上教学平台进行思维碰撞，并与线下实践教学相结合的混合式教学法。能提高学生学习主动性、参与度，更能关注到每个学生的学习状况，制定个性化教学方案。启发式教学法，即将理论教育、能力培养和价值引导相结合，使教师从讲授者逐渐转变为学习的激励者、启发者，学生从知识的被动接受者转变为积极主动探索者，增强课程实践性。	加深学生对劳动就业法的认识，各劳动就业权得以很好辨识。更系统、全面掌握劳动就业法体系。 引导学生树立良好的人生观、价值观。坚定政治方向，在生活与工作中，践行社会主义核心价值观，热爱工作，廉洁自律，积极奉献社会。
第5~6周	第五章之劳动合同订立、履行、变更、劳动合同解除和终止、劳务派遣和非全日制用工。 主要包括：劳动合同的概念与特征，特征有：突出体现了当事人意思自治与国家干预的结合；劳动合同是诺成、双务、有偿、继续性合同；最大诚信合同。订立、解除劳动合同，应当遵循合同自由、合法、公平、平等自愿、协商一致、诚实信用的原则。劳动合同生效、无效要件。不违反劳动法律、法规以及不损害国家利益、社会公共利益或他人合法权益。合同履行需遵守合法、诚实信用原则。	体现自由、平等、诚信的社会主义核心价值观。包括：自由即人的意志、存在和发展的自由，是人类社会的美好向往，也是马克思主义追求的社会价值目标。平等即要求人人依法享有平等参与、平等发展的权利。诚信是中华民族优良道德传统，也是社会主义道德建设重点内容，强调诚实劳动、信守承诺、诚恳待人。	社会实践调查法，即通过实地调查、访谈，问卷数据分析等，了解实际状况与存在的问题，提出相关解决对策。 法律援助，即为经济困难者、残疾者、弱者，或者经人民法院指定的特殊对象，无偿提供法律服务。其是扶助贫弱、保障社会弱势群体合法权益的社会公益事业。	对劳动合同主要条款、订立、生效、无效、履行、变更、解除、终止等进行了科学辨析，弄清了其成立条件，掌握了劳动合同法核心。 提高学生学习的积极性、主动性、创新性，以及科学研究基本素质和能力。一些服务社会公益性的实践活动，能锻炼学生专业综合素质和实践能力，让学生了解社会真实情况，依法维护当事人合法权益。

续表

教学周次	授课要点	思政映射与融入点	授课形式与教学方法	教学成效
第7周	第五章之劳动合同法真题演练，巩固知识点；第六章之集体合同法。主要包括：集体合同的意义：可以弥补劳动立法的不足；弥补劳动合同的不足；加强企业民主管理，提高工会威信；协调劳动关系，为建立和谐的劳动关系服务。集体协商的程序；协商代表的职责和义务；集体协商程序；职工代表大会审议、签订集体合同；集体合同履行中的维持和谐义务、敦促义务。	体现民主、和谐的社会主义核心价值观。集体合同草案应当提交职工代表大会或者全体职工讨论。应当有三分之二以上职工代表或者职工出席，且须经全体职工代表半数以上或者全体职工半数以上同意，集体合同草案或专项集体合同草案方获通过。民主是人民民主，其实质和核心是人民当家作主。它是社会主义的生命，也是创造人民美好幸福生活的政治保障。	案例分析法、社会实践调查法。 通过实地调查、访谈，问卷数据分析等，了解实际状况与存在的问题，提出相关解决对策。	对主要集体劳动合同纠纷进行社会实践调查，学以致用，让学生真切感受到社会现实情形，明白自己所学的课本知识来源于生活、服务于生活，提升学生的人文素养、就业能力、创新创业能力等，增强使命感和责任感，为维护各方当事人合法劳动权益而努力。
第8周	第七章之工作时间和休息休假法；延长工作时间及其限制。主要包括：工时立法的意义：保障劳动者利益，实现休息权；促进用人单位提高工作效率；调节劳动力市场供需矛盾。标准工时、非标准工时种类；休息休假种类。	体现敬业、文明的社会主义核心价值观。敬业，要求公民忠于职守，克己奉公，服务人民，服务社会，充分体现了社会主义职业精神。文明是社会主义现代化国家文化建设的应有状态，是面向现代化、世界、未来、民族、科学、大众的社会主义文化的概括。春节、清明节、端午节、中秋节、国庆等节假日，利于中华传统文化传播、延续，弘扬爱祖国、爱人民、爱劳动精神。探亲假设定，体现了孝道文化。	模拟法庭、角色扮演法。 通过案情分析、角色划分、法律文书准备、预演、正式开庭等环节模拟刑事、民事、行政审判及仲裁的过程，提高了学生学习积极性、激发了学习兴趣。	掌握工作时间和休息休假的概念、种类，掌握延长工作时间的法律规定，了解我国现行工时制度的内容，对劳动者与用人单位建立与协调劳动关系发挥指导作用。提高了学生法律职业道德、技能与素养，将素养养成教育潜移默化融入其中。

续表

教学周次	授课要点	思政映射与融入点	授课形式与教学方法	教学成效
第9周	第八章之工资法；第九章之劳动保护法主要包括：工资、最低工资、工资构成与形式、企业工资分配制度、工资支付规则。劳动安全卫生的概念与特征；我国劳动安全卫生管理制度；女职工和未成年工的特殊劳动保护的具体内容。	体现富强、平等、敬业的社会主义核心价值观。富强即国富民强，国家繁荣昌盛、人民幸福安康的物质基础。工资法利于保护公民合法所得，为进一步实现国富民强夯实基础。公民在法律面前一律平等，不论身份、地位，不论城乡、民族，劳动者均能享受劳动保护权，用人单位不能随意剥夺此权。敬业，要求公民忠于职守，自觉遵守劳动安全卫生法律法规。	法律咨询、普法活动。作用：宣传法律；平抑诉讼；沟通群众和有关机关；提高自身专业水平；提高公民的法律意识；利于依法治国观念深入人心。	掌握工资概念与特征，了解我国工资制度发展历程，理解工资立法的基本原则，掌握工资构成与工资形式、企业工资分配、保障制度，尤其是最低工资保障制度。掌握劳动安全卫生的概念与特征，理解我国劳动安全卫生管理制度，掌握对女职工和未成年工的特殊劳动保护，以保障劳动者劳动过程的安全与健康。
第10周	第十章之劳动监察法；第十一章之劳动争议处理法。主要包括：劳动保障行政部门及所属劳动保障监察机构对用人单位遵守劳动保障法律、法规和规章的情况进行监察。劳动争议的概念、特征，劳动争议处理的机构；调解、仲裁、诉讼方式。	体现法治、公正的社会主义核心价值观。依法治国是社会主义民主政治的基本要求，通过法制建设来维护和保障公民的根本利益，是实现自由平等、公平正义的制度保证。公正即社会公平和正义，司法工作人员处理劳动争议案件时需公平、公正。	法律诊所、法律援助。为处于生活困境而又迫切需要法律援助的人提供法律咨询，诊断其法律问题，开出处方。培养学生的职业技能和职业道德意识，特别是律师职业技能，实现理论与实践的统一。	理解劳动监察含义，掌握劳动争议的概念、特征，理解劳动争议处理机制，掌握劳动争议处理的机构与处理方式，具备处理劳动争议的基本知识与能力。

续表

教学周次	授课要点	思政映射与融入点	授课形式与教学方法	教学成效
第11~12周	第十二章之社会保障法基础理论；第十三章之社会保险法概论；第十五章之医疗保险法；第十六章之工伤保险法。 主要包括：社会保障法的作用包括保障社会成员的基本生活，实现人的生存权；实现社会公平，减少贫富差距；实现社会稳定；促进资源的合理流动和配置；保障平衡社会供求，促进经济的健康、稳定发展。医疗保险基金的筹集、使用及医疗保险待遇；工伤保险的责任原则、工伤的范围及认定、工伤保险待遇。	体现和谐、诚信的社会主义核心价值观。 和谐，集中体现了劳有所得、病有所医、老有所养、住有所居的生动局面，是经济社会稳定、持续健康发展的重要保证。诚实守信，是中华民族优良道德传统，也是社会主义道德建设的重点内容，它强调诚实劳动、信守承诺、诚恳待人。在申报医疗保险、工伤保险待遇时，应遵守诚信原则，不能谎报、欺诈。	翻转课堂、项目化教学法。 学生课前可以看视频讲解、阅读电子书，还能在网络上参与讨论，能随时查阅需要的材料，能促成学生的个性化学习，能让学习更加灵活、主动，让学生的参与度更高。	掌握社会保障法的概念与调整对象，理解社会保障法的特征、基本原则、法律体系，为学习社会保障基本法律制度奠定理论基础。掌握医疗保险的概念与特征、我国基本医疗保险的主要内容。掌握工伤保险的概念与特征，理解工伤保险的责任原则，掌握工伤的范围及认定、工伤保险待遇。以便更科学处理相关案件。
第13~14周	第十四章之养老保险法；第十七章之失业保险法；第十八章之生育保险法。 主要包括：养老、失业、生育保险的特征、保险基金的筹集、保险待遇及享受的条件。	体现“文明”的社会主义核心价值观。文明是社会主义现代化国家文化建设的应有状态。弘扬关爱父母长辈、尊老爱幼的文化传统。	情境体验法，例如：法律诊所、模拟法庭。有目的地引入或创设生动具体的场景，以引起学生一定的态度体验，从而帮助学生理解原理，激发学生的情感。	掌握养老、失业、生育保险的概念、特征，理解其保险的覆盖面、基金筹集模式、保险待遇的具体规定，学以致用。

续表

教学周次	授课要点	思政映射与融入点	授课形式与教学方法	教学成效
第15周	第十九章之社会救助法；第二十章之社会福利和社会优抚法。 主要包括：社会救助的立法概况，包括我国城市居民最低生活保障制、农村居民最低生活保障制和五保供养制，灾害和扶贫救助的内容。公共福利、职业福利、专门福利、社会优抚的主要内容。	体现文明、友善、爱国的社会主义核心价值观。友善，强调公民之间应互相尊重、关心、帮助，和睦友好。公共福利包括住房、卫生、教育、文化康乐，还有侧重老人、妇女、未成年人、残疾人的专门福利，体现爱人民、尊老爱幼、互相帮助的中华民族优秀传统美德。爱国，要求人们以振兴中华为己任，促进民族团结、维护祖国统一。社会优抚是国家和社会对军人及家属建立的社会保障，对军人及家属的尊重，有助于维护国家安定。	普法活动。 作用：宣传法律；平抑诉讼；沟通群众和有关机关；提高自身专业水平；提高公民的法律意识；利于依法治国观念深入人心。	掌握社会救助、社会福利、社会优抚相关法律法规，通过普法活动，加深理论理解，并用于实践，更好帮扶弱势群体维权，弘扬互帮互助优良传统。

二、“环境与资源保护法”课程思政探索

(一)课程思政育人目标

面向国家环境与资源领域发展需求，培养具有良好道德与修养，遵守法律法规，具有创新意识和实践能力的高素质复合型人才。掌握环境与资源法扎实的专业知识；具备环境与资源法的专业技能和专业综合应用能力；具有良好的思想素质和道德修养、学习态度和工作作风，能获得解决问题的科学方法；具有创新意

识和国际视野；能针对环境与资源法复杂问题，充分利用现代信息技术；掌握文献检索、资料查询基本方法，了解前沿动态及发展趋势，具有独立获取知识、信息处理和创新的基本能力；具有人文社会科学素养、社会责任感，理解并遵守行业职业道德和规范，履行责任；有团队协作精神，有良好沟通交流能力，有自主学习和终身学习的意识，有良好应变能力。

（二）课程思政建设概况

完善了应用型人才培养方案，制定了新的法学专业人才培养计划，明确课程思政建设目标；完成课程的文本体系、教学体系建设，包括教学大纲、教案、教学设计、课件、教学方法等，打造 2~3 节课程思政示范课；完成课程的考核体系建设，形成包含有课程思政元素的综合性考核文本；完成思政育人典型教学案例、有课程特色的教学参考资料、总结报告。

（三）课程思政建设效果

寓道于教，师生思想政治素养得以提升，教师的为人师表、以身作则、言传身教，提升了学生的道德水平。同时严格要求课堂纪律，能引导师生将专业知识与人文素养很好的融合，实现了课程思政的隐性渗透。

以立德树人为根本，能充分挖掘所蕴含的思想政治教育元素和所承载的思想政治教育功能，实现思想政治教育与知识体系教育的有机统一，体现五情思政，即国情、区情、社情、民情、学情的教育元素。

能以马克思主义为指导，深入学习贯彻习近平新时代中国特色社会主义思想，坚持了价值引领、能力培养和知识传授的有机融合，以社会主义核心价值观为灵魂和主线，以专业技能知识为载体，从国家、社会、个人三个层面，将思想政治教育融入课程教学全过程。

建立了完善的课程思政文本体系；形成层次丰富、形式多样、以学生为中心的课堂教学体系；考核体系中实施灵活多样的考核方式，强化过程学习考核。

(四)课程思政教学内容选择与安排

表 2-3　**课程思政教学内容选择与安排**

教学周次	授课要点	思政映射与融入点	授课形式与教学方法	教学成效
第 1 周	第一、二章之环境问题与环境保护、环境法概述、环境法基本原则。 预防为主、防治结合、综合治理的原则体现了法律的公平与效率相结合，保证了经济、社会和环境效益的统一；公众参与原则提高和强化了全民族的环境意识和环境法制观念，树立保护和改善环境的良好社会风气。	人与自然环境是相互作用和影响的，普遍联系的；环境对发展的作用；环境保障经济社会的持续发展；科学发展观要求实现循环型经济。 经济发展与环境保护之间的关系，体现了矛盾的对立统一规律，对立中实现统一。 保护环境，建设生态文明，是关系人民福祉、关乎民族未来的长远大计。	案例分析法、课堂讨论法、研究型与实践型相结合的教学方法，提高了学生分析问题、解决问题的能力。	提升了学生对环境保护的认识。 促进学生对环境问题与社会经济发展的关系、社会经济发展政策与环境管理政策的关系，有更系统地理解，使学生在辨析具体环境问题时，更富有科学性、客观性。
第 2 周	第三章之环境法的主要制度，包括：环境影响评价与三同时制度、环境行政许可制度、环境标准与限期治理制度、清洁生产与循环经济制度、排污收费制度、环境事故报告制度。	要自觉遵守环境法各项法律制度，恪守职业道德，知法、守法、敬法，不做违法的事情。养成慎独、慎醒的好习惯，培养高尚的道德品质，任何时候自觉遵守职业道德。体现社会主义核心价值观的诚信原则，诚实守信，遵守社会公德、敬业、友善。	师生于线上平台进行思维碰撞，用发展的眼光、辩证的态度看问题，与线下实践相结合，开展混合式教学。	加深了学生对环境法中各制度的认识，环境法的各主要制度得以很好辨识。 引导学生树立良好的人生观、价值观。坚定政治方向，在生活与工作中努力践行社会主义核心价值观，热爱工作，廉洁自律，积极奉献社会。
第 3 周	第四章之环境法治。党的十八大以来生态文明建设的发展带动了环境公益诉讼制度的完善，其起诉主体、诉讼请求，在民事、行政诉讼法中的实践运用。	引导学生多维看待国家政策导向与法制发展，授业解惑同时，树立生态文明相关价值观念。综合性环境基本法规定了保护自然环境、防治环境污染的基本要求和相应的法律义务。	以沙漠排污案、某城区黑臭水体整治路径、转型发展案等为例，采用案例法、启发式教学法	将理论教育、能力培养和价值引导相结合，使教师从讲授者逐渐转变为学习的激励者、启发者，学生从知识的被动接受者转变为积极主动探索者，增强了课程实践性。

续表

教学周次	授课要点	思政映射与融入点	授课形式与教学方法	教学成效
第4周	第五章之环境侵权与环境民事责任，包括：环境侵权认定、环境民事责任的归责原则、环境民事责任的构成要件和免责事由、环境民事责任的承担、环境侵权的救济途径。	规定了环境管理机构对环境监督管理的权限、任务以及单位和个人保护环境的义务和法律责任。注重责任意识的培养，提高了职业道德。	案例法，研究性教学方式，结合环境与资源法领域的典型案例，由学生自己动手收集资料、进行社会调查基础上，完成报告并上台展示。	环境侵权与环境民事责任得以清晰认定。 培养学生实事求是、严谨踏实的工作作风。不被名利所惑，不轻言放弃。将爱护祖国的生态环境作为自己的使命，自觉探索减少生态破坏的技术手段。
第5~9周	环境污染防治法，包括：概述、第七章之大气污染防治法、第八章之水污染防治法、第九章之海洋环境污染防治法、第十章之环境噪声污染防治法、第十一章之有毒有害物质污染防治法。	环境污染的概念、特征：途径的介入性、机制的变异性、后果的致害性、系统的破坏性，体现量变到质变的规律。 对各种污染进行社会实践调查，学以致用，让学生真切感受到社会现实情形，明白自己所学的课本知识来源于生活、服务于生活，提升学生的人文素养、就业能力、创新创业能力等，增强使命感和责任感，为防治环境污染而努力。	社会实践调查法，即通过实地调查、访谈，问卷数据分析等，了解实际状况与存在的问题，提出相关解决对策。同时开展法律援助，开展任务驱动式教学。	对大气、水、海洋、噪声、有毒有害物质污染进行了科学认定，弄清了责任划分、掌握了主要污染防治法。 强了人与自然环境和谐共生意识。 提高了学生学习的积极性、主动性、创新性、科学研究基本素质和能力。一些服务社会公益性的实践活动，能锻炼学生专业综合素质和实践能力，使学生获得环保事业的认同感，了解了当地真实情况。
第10~13周	自然资源保护法，包括：第十三章之生物资源保护法、第十四章之非生物资源保护法、第十五章之特定区域保护法、第十六章之能源法	自然资源保护与污染防治是“绿水青山就是金山银山”重要思想的实践。大众应保护自然资源，建设生态文明城市人人有责，同时需国家制度保证、社会响应。	法律诊所，情境化教学，角色扮演，案例式、互动式、讨论式、探究式教学法，提高了学生学习积极性、激发了学习兴趣。	凸显了自然资源保护的重要性，掌握了生物、非生物资源保护、特定区域保护、能源法律法规，能提出改进、完善举措。 提高了学生法律职业道德、技能与素养，将素养养成教育潜移默化融入其中。

续表

教学周次	授课要点	思政映射与融入点	授课形式与教学方法	教学成效
第14~16周	国际环境与资源法，包括：概述、第十八章之国际环境法渊源、第十九章之国际环境法中的国际组织、第二十章之国际环境责任与国际环境法的实施、第二十一章之国际贸易与环境。	将马克思主义相关理论有机结合本课程，站稳马克思主义基本立场；理论联系实际，根据中外国情、历史等，具体问题具体分析，理性看待外国环境管理政策；初步形成以马克思主义为指导的环境与资源法内容体系。将爱国主义、优秀民族文化融入，增强对祖国的民族自豪感与文化自信。文化传承的同时，也借鉴国外先进经验，不断优化我国相关法律法规。	辩论法、模拟法庭	了解了国际环境与资源相关法律法规、国际环境法渊源，掌握了国际环境责任认定方法，探讨了国际环境法的完善路径。 将我国生态环保方面取得的成就介绍给学生，让学生感受到国家在生态环保上做出的努力与成效，让学生明确自己作为中国人，肩负环境与资源保护的责任。

（五）“环境与资源保护法”课程思政教学参考书目

表 2-4　**“环境与资源保护法”课程思政教学参考书目**

序号	书　名	编著者	出版社	出版时间
1	环境侵权救济法律制度	王明远	中国法制出版社	2001 年 2 月
2	环境法新视野	吕忠梅	中国政法大学出版社	2000 年 5 月
3	俄罗斯生态法	王树义	武汉大学出版社	2001 年 5 月
4	深层生态学思想研究	雷毅	清华大学出版社	2001 年 7 月
5	污染生态学	王焕校	高等教育出版社	2002 年 7 月
6	比较环境法专论——环境法学系列	肖剑鸣、欧阳光明、林芳惠	中国环境科学出版社	2004 年 12 月
7	环境政策与法律	叶俊荣	中国政法大学出版社	2003 年 5 月

续表

序号	书 名	编著者	出版社	出版时间
8	环境与自然资源经济学	张帆、李东	上海人民出版社	2007 年 1 月
9	人与自然和谐关系的构建——环境法基本问题研究	白平则	中国法制出版社	2006 年 5 月
10	环境责任保险制度研究	贾爱玲	中国环境科学出版社	2010 年 3 月
11	政府环境责任问题研究	张雷	知识产权出版社	2012 年 1 月
12	国际环境法(英文版)	宋英	中国环境出版集团有限公司	2014 年 8 月
13	动物权利论争	[美]雷根	中国政法大学出版社	2005 年 5 月
14	环境正义论(环境哲学译丛)	[美]温茨	上海人民出版社	2007 年 6 月
15	环境行政的法理与方法	黑川哲志	中国法制出版社	2008 年 6 月
16	生态文明建设十讲	郇庆治	商务印书馆	2014 年 4 月
17	人类—环境系统及其可持续性	陈静生等	商务印书馆	2007 年 12 月
18	脆弱生态环境与可持续发展	刘燕华、李秀彬	商务印书馆	2007 年 12 月
19	阳光下的新事物：20 世纪世界环境史	[美]J. R. 麦克尼尔	商务印书馆	2013 年 9 月
20	环境史：从人与自然的关系叙述历史	田丰	商务印书馆	2011 年 6 月
21	一平方英寸的寂静	[美]戈登·汉普顿、约翰·葛洛斯曼	商务印书馆	2011 年 10 月
22	沙乡年鉴	[美]奥尔多·利奥波德	广西师范大学出版社	2014 年 6 月
23	瓦尔登湖	[美]亨利·戴维·梭罗	人民文学出版社	2019 年 5 月
24	明日的田园城市	埃比尼泽·霍华德	商务印书馆	2010 年 10 月

续表

序号	书　名	编著者	出版社	出版时间
25	地球的转型：在现代世界形成和解体中自然的作用	[美]杰森·摩尔	商务印书馆	2015年12月
26	在西部的天空下——美国西部的自然与历史	[美]唐纳德·沃斯特	商务印书馆	2014年5月
27	人类生态学——可持续发展的基本概念	[英]杰拉尔德·G. 马尔腾	商务印书馆	2012年1月
28	城镇化过程中的环境政策实践：日本的经验教训	孟健军	商务印书馆	2014年4月
29	煤炭和石油——廉价能源与环境的博弈	[美]约翰·塔巴克	商务印书馆	2011年12月
30	大地在心——教育、环境、人类前景	[美]大卫·W. 奥尔	商务印书馆	2013年6月

(六)课程思政教学成果之调查报告——《关于大学生及所在高校环境保护与法治意识的调查报告——以广西南宁市西乡塘区Y高校为分析样本》

大学生作为未来建设的主力军和智囊团，其环境保护与法治意识对于正确处理环境与经济发展的关系起到关键作用，而与大学生的生活、学习、娱乐等各方面密切联系的高校环境也影响着大学生的身心健康。因此需从大学生对身边的各类环境保护与法律治理意识状况加以调查，进而提升大学生环境保护意识，并提出环境改善的合理建议。

1. 调查背景与目的

目前，工业化、城市化已成为中国国民经济和社会发展的重要载体，也是全面实现小康生活水平的必由之路，但目前我国城市化和城市发展也面临着重大难题——发展经济与保护环境的双重挑战。发展经济与保护环境二者密不可分，从工业革命开始，发展经济与保护环境就形成了一个尖锐的问题，进而制约经济发展。

面对高校日益突出的环境问题，寻求解决问题的途径仅仅依赖学校的资源是不够的。而树立大学生正确的环境价值观是解决环境问题，实现美好校园环境的根本性对策。大学生作为未来建设的主力军和智囊团，其环境保护与法治意识对于正确处理环境与经济发展的关系起到关键作用，而与大学生的生活、学习、娱乐等各方面密切联系的高校环境也影响着大学生的身心健康。

因此需从大学生对身边的各类环境保护与法治意识状况加以调查，进而提升大学生环境保护意识，并提出环境改善的合理建议，从而为大学生的生活、学习、实践实现优美的校园环境奠定基础，也为实现环保之路的中国梦而助力。

2. 调查对象

调查对象为广西南宁市西乡塘区 Y 高校在校大学生，包括在校大一至大四各专业大学生，涵盖系部：管理系、国际贸易系、人文社会科学系、计算机科学与工程系、外国语言文学系、艺术系、运动与营养学系。

3. 调查方式

发放纸质问卷调查表，即向广西南宁市西乡塘区 Y 高校在校大学生各专业发放调查问卷 100 份，统计回收 65 份。

网络调查法，即通过在腾讯 QQ 空间发起测试、邮箱发送邮件、网上投票的方式测试，经过三周的网络调查，回收了 35 人的问卷调查结果。

4. 调查数据统计与整理分析

(1) 大学生对于校园环境的关注度

表 2-5　**大学生对于校园环境的关注度**

态度	男生			女生		
	人数(人)	占男生比重(%)	占总人数比重(%)	人数(人)	占女生比重(%)	占总人数比重(%)
非常重视	5	8	5	8	21	8
比较重视	36	58	36	20	52	20
有点关心	21	34	21	10	27	10
不关心	0	0	0	0	0	0
合计	62	100	62	38	100	38

通过调查显示，对于校园环境而言，大学生都比较关注，只是关注的程度不同。调查对象中，13%的大学生非常重视校园环境，56%的大学生比较关注校园环境，31%的大学生有点关心校园环境。对于男女生而言，女生对环境的关注程度较大于男生，有8%的男生非常重视校园环境，但女生的比重则要占到21%。

(2)大学生获得环保法律知识途径分析

表2-6 **大学生获得环保法律知识的途径**

途径	人数(人)	比重(%)
亲友	6	6
社会传媒	44	44
环保机构	12	12
学校活动	35	35
其他	3	3
合计	100	100

由统计表可以发现，受调查大学生获得环保法律知识的主要途径是社会传媒和学校活动，其比重分别占总人数的44%、35%，可见大学生接触最多的学校和社会传媒对于大学生环保意识有重要导向作用。另外，环保机构的动向、亲友对于大学生的环保意识也起到一定影响作用。

(3)学校内卫生环境不符合大学生要求的地点分析

表2-7 **学校内卫生环境不符合大学生要求的地点**

	人数(人)	比重(%)
教室	5	5
学校人工池塘	44	44
垃圾池	40	40
食堂	6	6
其他	5	5
合计	100	100

由表 2-7 可知，高校虽然在总体上达到了美化环境的目标，但是仍有许多大学生不满意的地方，其中以学校人工池塘与临近学生宿舍区楼下的垃圾池是大学生比较不满意的地方，比重分别占 44%、40%。其中，学校人工池塘由于多年未治理，每逢气温升高或雨季，人工池塘颜色会根据雨量大小而改变，并且伴有腥臭味。虽然颜色变幻多端似乎带有一种美好的意向，但是带来的腥臭味却影响了教室中听课、学习的大学生，也影响了高校工作人员办公。

随着气温的升高与降雨量增大，腥臭也引来了蚊虫，久而久之对师生身体健康构成隐患。而临近学生宿舍区楼下的垃圾池是学校长期的问题，客观上是因为学校学生众多，导致生活垃圾量也相应增多，而学校也没有更合适的地方处理垃圾池，致使住在临近学生宿舍区的大学生每天生活在垃圾堆旁边，每当垃圾的臭味以及焚烧垃圾的有毒有害气体飘进宿舍区时，大学生都表示深受其害。

(4) 大学生维护校园环境行为实践性与障碍性对比分析

表 2-8 **大学生维护校园环境行为实践性**

	人数(人)	比重(%)
积极分享、付诸实践	22	22
尝试了解	67	67
看过就忘	11	11
总计	100	100

表 2-9 **大学生维护校园环境行为障碍性**

阻碍因素	人数(人)	比重(%)
生活习惯难以改变	46	46
缺乏有效引导	12	12
消费理念虚荣	23	23
环保意识欠佳	15	15
其他	4	4
合计	100	100

由统计数据不难看出大学生对于维护校园环境行为实践性较低，67%的大学生只是尝试了解如何维护校园环境的解决措施。积极分享校园环保经验、付诸实践的大学生比例为22%，比例较低。有些大学生每次路过校园环保措施做得不到位的地方，他们会抱怨，但过后由于各种主、客观原因置之不理的大学生占11%。

而综合各方面原因主要是已经养成的生活习惯与周围社会环境影响行为的实践。例如：生活习惯难以改变的原因占46%，有些大学生已经习惯了校园的生活、学习环境，他们认为一些影响环境的因素就算向有关部门反映也最终无果，于是他们也跟风染上些许影响环保的不良习惯，所谓习惯成自然，难以改变；消费理念虚荣原因占23%，有些大学生不会理财，且加上虚荣、攀比的心态，常激情购物导致个人物品过剩，易产生垃圾；环保意识欠佳的原因占15%，虽然大部分大学生认识到环保的重要性，但具体什么叫环保、如何环保等相关知识还欠缺，环保很大程度上沦为了一句口号，真正落实无法保证。

另外，缺乏有效引导的原因占12%，目前，对于高校中违反我国《环境与资源保护法》的行为，虽然可以套用国内相关立法规定，但真正执行有关法规却很少，惩治也不够严厉。相反，对于积极实施环保行为的大学生没有很好宣传、奖励，树立榜样。环保行为的好坏都成为了自觉的活动，这皆导致了破坏校园环境与资源的行为屡禁不止。

(5)大学生认为学校、社会、政府等有关部门是否应加大校园环境法治投入分析

表2-10　**学校、社会、政府等有关部门是否应加大校园环境法治投入**

	人数(人)	比重(%)
应该加大投入，让校园更美丽	86	86
视情况而定	12	12
暂时不需要治理	2	2
总计	100	100

由统计数据可以很明显看出，大学生对于学校、社会、政府等有关部门加大

投入力度治理校园环境非常关注，比例为86%，也非常愿意在一个更好的生活环境下学习、生活。学校、社会、政府等有关部门应该考虑主、客观条件允许的情况下，加大投入，营造更美好的大学校园环境。

而大学生认为视情况而定的比例占12%，认为暂时不需要治理环境的占2%，他们认为：治理环境要视经济承受状况、校园环境破坏及污染的实际情况而定，如果有些环境恢复只需众人的环保意识提升、大家的自觉守法、严肃执法就能做到，也没必要加大投入力度；有些环保问题只是萌芽期，还不足以威胁到人们的身心健康，因此也暂时不需要加大投入。

5. 调查结果与建议

从调查结果我们可以看出，多数大学生关注校园环境，具有良好的环境保护追求理念，但是环境保护行为、法治意识却相对较弱，表现出环保意识与环境法律治理追求呈现反比的状况。因此，应通过环境教育、环境行为实践等多种方式引导大学生建立起积极健康的环境保护意识和环境保护行为。① 根据上述大学生所在高校环境保护与法治意识的社会调查，提出了以下建议，期望通过建议，从而为大学生的生活、学习、实践实现优美的校园环境奠定基础。

(1)继续提高大学生及所在高校人员环境保护与法治意识。大学生作为国家未来建设的高级知识分子主力军之一，高校作为培养大学生的主要阵地，大学生及所在高校的工作人员自身应积极关注新闻媒体等社会传媒有关校园环境保护的报道，通过校内外学习，主动阅读和传阅与自身生活、学习、实践密切相关的环境保护有关书籍、报纸、杂志等，及时了解校园环境保护与法治现状，通过积极思考、环保与治理意识的提升，为营造校园环保型良好大环境提供思想保障，树立公民承担社会环保责任的好榜样。

大学师生要对我国的环保事业树立信心，应肃清环保治理与经济发展、政治地位巩固、国际环保趋势等的关系，要相信通过各界的努力，校园环境保护与治理能恢复到良好状态。② 大学生要摈弃原有固化的不良生活习惯给校园环保带来恶性循环的意识，应自觉抵触虚荣、攀比、浪费的消费理念，积极培养自身健

---

① 蒋敏．大学生环保法治意识培育研究[D]．贵阳：贵州大学，2016.

② 郭玉坤．领导干部需增强海洋环境保护法治意识[J]．中国党政干部论坛，2015(5)：98-100.

康、卫生、绿色的生活习惯、意识。

(2)加强大学生及所在高校人员环境保护与法治实践能力。大学生及所在高校人员应自觉遵守国家环境与资源保护相关法律规定，例如：在减少固体废物污染环境方面，可将废弃物扔到指定的地点或者容器内；尽量少打包饭菜，减少或避免使用一次性饮料杯、泡沫饭盒、塑料袋和一次性筷子，可用陶瓷杯、固定饭盒、布袋和普通竹筷来替代，购买饮料尽可能选择可回收再利用的罐装饮料，携带自己的环保购物袋购物，以避免塑料袋难以分解对土壤、水资源、动植物资源造成破坏，也可以大大减少垃圾的产生。

在保护绿色植物方面，应爱护花草树木，不践踏绿植，并且积极参加绿化植树活动；在保护水、电等能源方面，离开宿舍时，应关上电灯并且尽可能关掉计算机等用电器，节约、科学合理的循环用水，比如洗手后的水积攒下来用于清洁卫生间。高校积极引导、组织、鼓励大学生参加环保义工活动、清洁校园、校园周边街道实践活动。

对于大学生反映的影响学习、生活的环保问题应尽快想办法及时解决，主动消除对师生身心健康构成隐患的环境危害因素，让大学生感受到高校环保治理的决心与实践力，从而也能促使大学生积极加入环保事业行动中，形成一种积极向上的环保氛围。

(3)加强立法、严格执法、完善司法、自觉守法。目前国内外的环境与资源保护法立法体系已建立。而高校的校园环境是一个综合了各环境与资源保护要素的地方，例如校园周边的建筑施工产生的粉尘、噪音，校园中的教室、宿舍、设备、场馆的建筑材料、废物垃圾、校园中的景观工程如水池、假山池、草地、林木等，其涉及固体废物、动植物资源、土地资源、水资源、矿产资源、环境污染、环境监管、国际环境与资源保护等法律规定。

我国在民法、行政法、刑法、国际法等部门法中也有涉及，但对于高校中违反法律规定的行为，虽然可以套用国内相关立法规定，但真正执行有关法规却很少，惩治也不够严厉，造成了法规缺乏威信，例如：校园用水主要来源于自来水单位供水，而水源又来自校园附近的江、河，如果水源遭受了外界工业、农业因素污染，甚至由于校园内部没有做好环保措施，就可能导致危害师生身体健康的事件，因此，今后对破坏高校环境的违法、犯罪行为应严格执法、完善司法。

对于积极实施环保行为的大学生及其他人员应加强宣传、奖励，发挥榜样效应。缓解国家部门规章之间、地方立法之间的冲突，强调企业法律责任的同时，重视政府的环保法律责任。① 贯彻落实环境公益诉讼、建立和健全排污权交易制度，积极开拓排污权交易市场，建立水污染税制度等。环境的后期治理远不如环境的超前保护有效，与其耗费大量时间、人力、物力、财力去修补环境所受的创伤，不如让人们提前意识到环保的重要性、必要性，因此，自觉守法也是相当重要的。②

(4)各界联动，共同协作。破坏环保的不良习惯有些因为家庭成员的影响所致，因此，各家庭的整体环保意识需提升，同时要配合学校的环保知识的普及与细化学习，例如：教会学生如何从细微处着手，从身边力所能及的小事开始进行环保行动。

由统计数据可以很明显看出，大学生对于学校、社会、政府等有关部门加大投入力度治理校园环境、环保机构的动向非常关注，因此，学校、社会、政府等有关部门应该综合考虑治理环境与经济承受状况、校园环境破坏及污染的实际情况，积极配合立法、司法等机关的工作，营造更美好的大学校园环境。

对于从思想意识改观上就能解决的问题，最好别任意动用过多财力；对于只是萌芽期的环保问题，必须重视并提前采取措施遏制破坏环境的事态进一步恶化；对于急需解决的涉及学生切身利益的环境问题，应选择最科学、合理、经济、绿色的解决方案，而非粗放式过多消耗其他资源。

社会传媒要做好环境保护与法治意识宣传、引导，因为上述数据表明，社会传媒是大学生获得环保知识的主要途径，大学生通过互联网、博客、播客、微博、论坛、空间、手机网页等，获取环保知识与动态，而这些媒体比传统的电视、广播、报纸、杂志等更具时效性、互动性、传播性，倘若环保及治理的负面报道过多或报道不实、不够客观，很容易在潜移默化中影响大学生及所在高校环境保护与法律治理工作。

---

① 王昭．技工院校学生环境法治意识培养研究[D]．咸阳：西北农林科技大学，2014.

② 徐梓淇．论生态公民及其培育[D]．上海：复旦大学，2013.

大学生及所在高校环境保护与法治意识的提升，与社会各界密切相关，只有各界联动，共同协作，才能为大学生提供良好校园环境，使大学生能更好地学习、生活，从而也为实现环保路的中国梦而助力。

第三章　卓越法治人才职业能力培养探索

第一节　法学人才职业能力培养研究

法学人才职业能力是从事与法学有关职业的多种能力的综合，通过独立学院法学人才职业能力培养研究，能让高校培养出来的法学人才更符合社会需求，实现供求平衡，其将为建设中国特色社会主义法治体系，建设社会主义法治国家而助力。以独立学院为例，分析独立学院法学人才职业能力培养的理论依据与意义、国内外研究现状、培养目标、法学课程建设、法学教学方法与手段、条件、评价等方面所面临问题，并提出相应解决对策，为学生顺利就业奠定良好基础，也为卓越法治人才培养更科学定位而指明方向。

一、理论依据与意义

《国家中长期教育改革和发展规划纲要(2010—2020年)》提出："全面提高高等教育质量。质量是高等教育发展的核心任务，是建设高等教育强国的基本要求。到2020年，高等教育结构更加合理，特色更加鲜明，人才培养、科学研究和社会服务整体水平全面提升，建成一批国际知名、有特色高水平高等学校，若干所大学达到或接近世界一流大学水平，高等教育国际竞争力显著增强。"

"提高人才培养质量。牢固确立人才培养在高校工作中的中心地位，着力培养信念执着、品德优良、知识丰富、本领过硬的高素质专门人才和拔尖创新人才。""创立高校与科研院所、行业企业联合培养人才的新机制。""高校要牢固树立主动为社会服务的意识，全方位开展服务。鼓励师生开展志愿服务。"

"优化学科专业和层次、类型结构，重点扩大应用型、复合型、技能型人才培养规模。”“促进高校办出特色。建立高校分类体系，实行分类管理。发挥政策指导和资源配置的作用，引导高校合理定位，克服同质化倾向，形成各自的办学理念和风格，在不同层次、不同领域办出特色，争创一流。”“加快创建世界一流大学和高水平大学的步伐，培养一批拔尖创新人才，形成一批世界一流学科，产生一批国际领先的原创性成果，为提升我国综合国力贡献力量。”

《国务院关于进一步促进广西经济社会发展的若干意见》中提出：“优先、积极发展高等教育，逐步缩小与全国教育平均水平的差距。”“继续通过多种形式帮助地方高校提升办学水平。促进民办教育健康发展。加强国际教育交流与合作，面向东南亚扩大来华留学生规模。”

《中华人民共和国高等教育法》规定了高等教育的任务是“培养具有创新精神和实践能力的高级专门人才，发展科学技术文化，促进社会主义现代化建设”。高等教育阶段是在基础教育上的提升，也是走入社会工作前的关键阶段，它肩负着使受教育者系统掌握专业知识与相应技能，从而成为高级人才推动和促进社会发展的重任。

2011 年教育部、中央政法委联合发布《关于实施卓越法律人才培养计划的若干意见》中指出：“提高法律人才培养质量成为我国高等法学教育改革发展中最核心最紧迫的任务。”司法部《法学教育“九五”发展规划和 2010 年发展设想》中提出：“我国的法学教育应重点培养高层次、复合型、外向型法律人才和职业型、应用型法律人才。”

法学本科教育是高等教育的重要组成部分，它以传授法律专业知识、培养相应法律技能为主要内容的教育活动。法学注重理论研究和实践结合，法学人才需学习基础的法学理论并了解争论的问题，能灵活掌握与运用法规，具备一定法学研究能力，能开展相关实务工作。

法学人才职业能力是指从事与法学有关职业的多种能力的综合，其包括：一般职业能力、专业能力和综合能力，即拥有执着的信念、优良的品德、丰富的知识、过硬的本领，成为应用型、复合型、技能型的高素质专门人才和拔尖创新人才。

教育部《普通高等学校独立学院教育工作合格评估指标体系》中提出：“独立学院应该体现培养应用型人才的目标。主要面向地方和区域培养应用型人才。”目前，独立学院正承担着比例越来越大的法学本科专业培养人才的职责，但由于独立学院成立时间较短，因此各方面较多依靠母体本部高校的资源，独立学院仍然处于成长探索阶段，主要借鉴母体本部进行法学人才职业能力培养方式，有优势也有不足。优势在于能直接获得法学人才职业能力培养的经验为独立学院所用，避免了走弯路，不足在于与独立学院的应用型特色办学结合不够紧密等。

通过独立学院法学人才职业能力培养出来的学生，应有与其他层级高等院校相比独特的社会竞争力，反之也能促进独立学院的法学人才培养更稳定、有活力、持续的开展。随着中国共产党第十八届中央委员会第四次全体会议召开，及《中共中央关于全面推进依法治国若干重大问题的决定》的出台，培养造就熟悉和坚持中国特色社会主义法治体系的法治人才及后备力量，显得格外重要。建设通晓国际法律规则、善于处理涉外法律事务的涉外法治人才队伍也很重要。独立学院法学人才职业能力培养也将为建设中国特色社会主义法治体系，建设社会主义法治国家而助力。

二、国内外研究现状分析

目前，关于一般独立学院的研究主要侧重于：独立学院的总体上的人才培养目标、培养模式、实现途径等，也有侧重于独立学院具体的某方面的研究，例如：独立学院职业教育研究、独立学院学生创新人才培养对策、独立学院应用型人才培养路径、独立学院应用加技能与素质型人才培养模式。

关于法学人才培养的研究主要集中在人才培养模式，例如：应用型人才培养模式，特色、卓越人才培养模式，应用型兼复合型培养模式。关于独立学院法学人才的研究则主要有：独立学院法学专业课程科学设置研究、独立学院法学专业实践教学、独立学院法学专业培养目标与教材建设、独立学院法学专业双师型教师队伍建设、独立学院法学校外实习基地创新建设等。

这些研究分别侧重于对独立学院或法学人才培养的某一方面研究，已经取得了一定成效，但对于独立学院法学人才职业能力培养的系统性、全面性研究仍缺乏，仍存在很多问题与挑战，对其中涉及的很多细节情形仍需进一步关注与研究。因此，在已有研究的基础上，对独立学院法学人才职业能力培养的若干问题与对策研究，仍很重要与必要。

三、独立学院法学人才职业能力培养的若干问题

独立学院法学人才职业能力培养需围绕独立学院自身特点，结合法学人才职业能力所涵盖的培养范围进行研究，即关键培养从事与法学有关职业的多种综合能力，包括：一般职业能力、专业能力和综合能力，即拥有执着的信念、优良的品德、丰富的知识、过硬的本领，成为应用型、复合型、技能型的高素质专门人才和拔尖创新人才。

要达到此目标，需对独立学院法学人才职业能力培养的历史、培养目标、法学课程建设与规划概况、法学教学方法与教学手段、教学条件、教学效果与评价、教学保障等方面所面临问题进行探讨。

（一）培养目标定位不清晰

由于独立学院兴起的历史较短，各方面建设仍然处于初级探索阶段，因此，很多方面需借鉴其所在母体高校的经验，在借鉴的过程中，很多独立学院直接照搬母体高校的做法，而母体高校往往遵循国家统一的本科法学人才培养方式。

在职业能力培养方面，首先是存在培养目标定位不清晰的问题，而培养目标关系独立学院法学人才职业能力培养的全局效果。法学专业就业率较低，作为民办院校的法学专业更需考虑如何协调就业和学生专业素质培养的关系，而制订明确的培养目标。而法学专业学生若想就职与专业密切相关的岗位必须通过国家司法考试与国家公务员考试，而这两种考试都具备相当大的难度，因此有些独立学院的法学培养目标为应付考试，只注重专业职业知识的记忆，而忽视了培养学生的综合专业素质能力，例如：专业职业技能教育的缺失导致学生们进高校之初就直接奔着考试，缺乏培养自身素质能力的观念与行动。

有些独立学院直接套用国家、母体学院法学人才培养目标，例如：培养系统掌握法学专业基本理论、基本知识和基本技能，熟悉我国法律、法规和国家的相关政策的高级法律专门人才。缺乏独立学院所在的地方特色、自身办学特色，缺乏与其他层级本科、高职高专、研究生、博士等法学人才培养的差异性，难以凸显独立学院自身培养法学人才的特有竞争力，更难以留在当地为之从事法律工作。

有的独立学院则直接冠以培养卓越、精英、创新人才、职业、通识、应用型、特色型等培养目标。例如：法学精英教育是指为适应现代法治的要求，以专业化和职业化为背景，以培养具有高度卓越的法律素养、实践能力和人文精神的法律职业群体为使命和目标的教育。① 这些目标由于较笼统、抽象，有的太高或太低，有的也难以落实到独立学院中适用。

（二）法学课程建设还存在不足

1. 课程目标方面

有部分比例的独立学院法学课程目标未能结合所在独立学院的办学定位、人才培养目标和生源情况进行定位。前述的人才培养目标定位不清晰导致各课程目标设置也缺乏明确的方向性。各类法学课程目标定位较笼统，未能与独立学院法学人才职业能力培养紧密结合，只是大致列出了课程本身需注重的某些重要专业知识，稍微提到课程对法学专业学生毕业以后从事法律实务具有不可或缺的重要作用力，略提出了课程在依法治国条件下对法学专业人才素质的要求，有的没和党和国家的方针、政策保持一致性。较少在课程目标上明确提出，基本技能的教育和培养、职业能力中的综合能力培养。只停留在专业知识的单纯获取方面，导致学生难以运用所学知识分析和解决实践问题。

2. 课程设置方面

在课程种类上，目前独立学院大多依据教育部核定的全国高等学校法学专业核心课程设置了专业必修课、基础课，例如：法理学、宪法学、中国法制史、行政法学、行政诉讼法学、刑法学、刑事诉讼法学、民法学、民事诉讼法学、经济法学、商法学、知识产权法、国际法、国际私法、国际经济法、劳动法和社会保障法、环境与资源保护法。律师与公证、法律文书、法庭辩论技巧等。选修课中，有的独立学院只设置与国家司法考试密切相关的课程，有的只根据已有师资的研究方向设置课程，有的直接设置与母体高校选修一致的课程等。而非根据独立学院自身的培养目标与模式设置课程，独立学院既不像有的母体高校是研究型大学，或是教学研究型大学，也不是纯粹教学型大学，而是应用型、复合型、技能型大学，更强调学生的实际运用知识能力。因此选修课若采取上述方式设置则

① 刘欢欢．对法学教育改革的思考[J]．新西部(理论版)，2013(6)：141.

无法凸显独立学院法学培养的核心竞争力。

在课程之间的比例关系上，有的独立学院强化法学基础课，而淡化专业课，认为知识越广越好，而非深入。有的过于强化专业课，认为独立学院应强调知识的应用，因此，只顾实践应用知识的学习而非理论知识的掌握。在必修课与选修课的比例上，独立学院法学选修课比例明显低于必修课，选修课比例过低直接导致学生的法学专业兴趣、爱好难以得到充分发展，影响了独立学院法学人才职业能力培养效果。

课程之间的空间关系上，既有法学同一学科内，也有不同学科间各门课的如何协调的问题，如法学理论课与实践课的关系。理论课重视法学基本知识掌握，而实践课重视培养学生实际操作能力。目前，独立学院法学人才职业能力培养中，有的教育工作者已经认识到实践教学课的重要性与意义，也有实践教学的设计思路、内容、组织形式、教师指导方法、教学效果评价、考核内容与方法等，例如：开展模拟法庭的实践教学课中，在讲授完法学理论课后即让学生分组，然后在教师的指导下开展有关案件的模拟法庭审判，设计了比赛、总结环节，将活动得分计入学生专业成绩中。但独立学院法学大部分课程中实践课效果不显著，有些流于形式，比重仍然较低，仍然存在以理论为主，而实践为辅的状况。并且实践课的形式还不够丰富，内容选择上还待斟酌，教师指导方法、时间保障、实践效果等方面还待改进。

在课程之间的时间关系上，需处理法学各课程时间设置的先后关系。独立学院法学人才职业能力培养同样也遵循法学一般的逻辑学习规律，因为法学各课程间是互相独立但又紧密联系的。学生需有一门或多门专业课基础后才能继续理解与学习后面的课，但有的独立学院法学课程没有处理好这问题。例如：在大一期间就开设了经济法课程教学，与宪法、法理学课程同时进行。而经济法中有些内容涉及很多其他部门法内容，如民法、行政法、知识产权法等，而这些部门法一般放在大二或大三才学，因此，教师需花更多时间进行铺垫讲解，学生也一时难以理解，容易混淆。

3. 课程内容方面

有的独立学院法学课程内容仅围绕教材讲解，缺乏对课程内容重点、难点的把握；有的只就单门课程设计内容，没有考虑学科的跨知识性，缺乏各相关课程内容的内在联系性设计；有的没有考虑到学生因素，没有根据独立学院学生的特点、需求、特殊要求等设计课程内容，而只一味应付司法考试或国家宏观的法学培养目标；有的没有考虑到社会实用、实践、应用的因素，内容陈旧，没有随着社会的发展、需求、法条修改的变化而设计鲜活内容，导致学生难以具备法学人才职业能力，毕业后难以适应社会；有的课程内容设计缺乏协调、系统、科学性，出现重叠或中断，导致教学时间难以有效利用；有的课程内容为适应独立学院总体定位和设计，出现了若干问题，例如有的独立学院设计了学生出国留学1~2年的计划，而法学专业学生在大三结束就能参加司法考试，如果要出国留学，则有可能难协调在国内的学习进度等。

4. 课程考核内容与方法方面

独立学院法学课程考核内容中，有的只注重教材知识的考核，未将法学人才职业能力培养中的信念、品德、思维、本领、技能、创新能力、实践能力等纳入考核范围；有的单纯通过一两份试卷进行笔试，题型单调，答案只具有唯一性，试题题目较倾向于客观选择题，而缺乏主观开放式试题，案例分析题的比例较低，导致对学生的学习效果无法做出更科学的评价，也不利于激发学生的法学灵活思辨能力、实际处理案件能力；有的考试结果的形成由平时加期末考试构成，比例分别为3∶7，期末考试比例过重，较忽略了平时的考核，导致学生不注重平时的职业能力培养，只为期考而突击学习；有的实践课程考核是写实训报告、上交调查报告、分组辩论等方式进行，但由于缺乏明细化的考核标准，太过主观化有时会导致考核结果不够客观、公平、透明，缺乏实际操作力。例如：进行开庭审理前的准备工作的实践训练，要求学生在完成上述实训的任务后，根据实训情况写出实训报告；通过对刑事案件开庭审判的实践训练，要求学生在完成实训的任务后，根据实训情况写出实训报告。

(三)教学条件面临一些难题

教材方面，目前独立学院法学教学使用的教材具有一定的灵活性，即在不违背教育部规定的情况下，各科教师可以自选教材使用，这对于教师自身的专业素养也提出了较高要求，有的教师选择经典的优秀教材，有的则随意选择教材并不注重与法学人才职业能力培养的结合；有的教材只有传统的一本纸质课本，而无配套参考材料、指导书、电子资源、练习库等，需要教师另花时间、精力自己丰富；有的教材不适合独立学院教学使用，因为太过理论与抽象、缺乏科学系统性，学生对此缺乏耐心、吸引力、兴趣，难以理解教材内容。

扩展性资料方面，关于法学人才职业能力培养所需的信念、品德、思维、本领、技能、创新能力、实践能力有关扩展性资料还欠缺，只有靠教师主动列出阅读相关原著、名篇等解决，但仍缺乏应用性、实践性的专门扩展资料。

实践性教学环境方面，有些独立学院已经与相关实务部门建立了实习与见习基地、模拟法庭场所等，但由于独立学院与实务部门地理位置较远，实务部门一般在城市中，而独立学院有的地处城市郊区，每次到实习地点非常不便。有的独立学院担心学生外出安全问题，且实务部门工作与独立学院教学进度难以契合，很难达到预期效果。

网络教学环境方面，虽然大部分独立学院都能利用网络资源，如课件上网、制作微课、视频等，但仍存在一些问题，例如：某些上网课件实际是对课本内容的照搬，晦涩难懂，没有创新性、吸引力，学生会产生厌倦感；有些网络资源在制作技术层面没考虑到独立学院学生的需求特点，难以控制学习进度，有些贫困学生没有上网的条件，难以完成网络学习；网络自学缺乏有力监督，未形成强制外力约束网络教学环境建设。

（四）法学教学方法与教学手段实效性还不够

教学理念方面，法学人才职业能力培养中，目前有论者已经总结出一套较科学的理念，即准确界定“应用型”“复合型”，处理好理论与实践的关系、教与学的关系、科研与实务的地位关系、教学与司法考试的关系。① 但有些独立学院仍采用灌输式教学理念，没有结合法学人才职业能力培养目标，难以激发学生学习主动与创造性，与司法实务联系不紧密，不利于职业能力培养。

教学手段方面，独立学院法学专业教学中有的使用多媒体课件，有的通过视频、网络、电话、电子邮件等进行教学、互动，但有些手段的运用并没有效激发学生的积极性与兴趣，因为有的视频选择与教学内容结合不够紧密，有的课件制

---

① 崔淑霞，蒋淑波．“应用型、复合型”法学本科人才培养的基本理念[J]．经济研究导刊，2014(2)：92-93.

作不够生动活泼，能在课堂上主动向教师提问与交流的学生较少，更不用说主动在课后通过网络交流，有些教师自身工作繁忙，也无暇每天课后蹲守等待学生提问与解答问题。与网上自身形成的多彩世界相比，法学职业知识与能力难以通过这些教学手段将学生吸引，独立学院自身的内聘教师多为刚从高校毕业的年轻教师，难以掌握学生心理，难以掌控学生的实际想法，缺乏对独立学院学生有针对性的教学手段。

教学方法方面，目前独立学院法学教学中有理论教学法、案例教学法、情景教学法、抗辩教学法、模拟法庭等实践教学法。但仍存在一些问题，例如：有些理论教学缺乏对知识的重新梳理，逻辑结构不够清晰；案例教学时缺乏对典型案例的透彻讲解，没将各类案例进行分类，随意安放在专业知识后，无法发挥案例教学助于知识理解的作用，有些案例存在争议，教师无力组织有效的教学讨论，有些案例内容太旧与现实情况格格不入，有的难度过大或过于简单，容易让学生产生畏难情绪或轻视心态，有的在案例讨论完后没对讨论进行有效总结、点评，学生无法从案例讨论中得到较大收获，有的也缺乏对疑难案件进行正确引导；引入情景教学法、抗辩教学法、模拟法庭教学法中，教师由于自身的司法实践经验有限，示范不规范，难以引导学生从不同角色、角度、思维、视角分析、解决实际问题，难以达到独立学院法学人才职业能力培养过程中，提出的让学生练就过硬的本领，成为应用型、复合型、技能型的高素质专门人才和拔尖创新人才目标。

（五）教学评价不尽科学

目前独立学院法学教学评价一般采取学生、督导、专家、教务管理人员等进行评价，缺乏教师自我评价，同行评价，不利于教学者自我主动反思；以督导、教务管理人员评价为主，其他评价为辅，不利于受教学者有效表达意见与建议；教学者有不同的教学风格，有时某些学生评价缺乏客观、公正、科学性，容易引起评价结果的不准确性，影响了评价的目的，不利于教学者及时有效改进，也不利于教学者扬长避短构建适合自身的教学方式。

评价的具体要素过于注重知识讲解的全面性，而缺乏对教学实效性的评价；评价体系未能结合独立学院法学人才职业能力培养特点进行构筑；评价指标设计不全面，例如：只有对课堂教学效果的各种指标评价，而对于法学职业能力培养的课外教学效果没有列入评价指标中，影响了教学者对法学职业能力培养的积极性、持续性。

有的重科研轻教学，缺乏对教学过程中的指标设计；有的独立学院将评价的最终目的，仅与教师的职业生存挂钩，而非通过评价帮助教师找出不足，以更好改进教学，导致教师难以持平和心态接受评价，评价背离了促进教师教学业务水平提高的初衷，影响了独立学院的整体教学质量。

四、独立学院法学人才职业能力培养的对策

独立学院法学人才职业能力培养需围绕独立学院自身特点，结合法学人才职业能力内涵，即关键培养从事与法学有关职业的多种综合能力，包括：一般职业能力、专业能力和综合能力，即拥有执着的信念、优良的品德、丰富的知识、过硬的本领，成为应用型、复合型、技能型的高素质专门人才和拔尖创新人才，提出解决上述问题的对策。

（一）明确培养目标

在借鉴其所在母体高校的经验同时，可结合独立学院所在地优势、自身办学特色，找出与其他层级本科、高职高专、研究生、博士等法学人才培养的差异性，凸显独立学院自身培养法学人才的特有竞争力，让人才愿留在本土从事法学教育事业。例如：广西地区的独立学院可依据广西少数民族地区、东盟区、西部地区、北部湾经济开发区等区位优势，确定适合自身发展的法学人才职业能力培养目标。

培养人才去向，不仅局限于国家立法机关、检察机关、审判机关，还可拓展到相应与法学有关的部门，例如：仲裁机构、法律服务机构及国家机关、企事业单位和社会团体中从事法律工作。国家司法考试与国家公务员考试，是与法学人才职业能力培养目标密切联系的，同样注重法学人才职业能力的训练与考核，独立学院应将备考与培养学生综合专业素质能力结合，不仅注重专业知识培养，也注重职业技能培养。

(二)加强法学课程建设

1. 课程培养目标方面

课程培养目标中，与独立学院法学人才职业能力培养目标、独立学院自身特色与优势紧密结合，明确各课程培养目标，着重在课程目标上明确提出基本技能的教育和培养、职业能力中的综合能力培养。

2. 课程设置方面

首先，在课程种类上，坚持法学专业核心课、必修课、基础课基础上，根据独立学院自身的培养目标与模式设置选修课程，强调应用型、复合型、技能型，以及学生的实际运用知识能力，凸显独立学院法学培养的核心竞争力。例如：若独立学院定位为经济类应用型本科学院，地处东盟区，会与东盟国家有来往，可安排学生出国留学 1~2 年，设置法学选修课时，可增加一些与经济法相关的选修课，例如：金融法、财政法、宏观调控法、食品安全法、东盟国家法等。增加应用型、复合型、技能型选修课，例如：法律文书写作、辩论技巧等提升法学综合素养。公共英语中可适当增加东盟语种与法学英语融通的课程。通过突出优势、特色，人无我有，人有我优，强化法学人才职业能力培养的社会竞争力。

其次，在课程之间的比例关系上，法学基础课与专业课同样重要，不能过于看重实践应用知识而忽视了基础理论学习。可适当提高选修课比例，让学生的法学专业兴趣、爱好得以充分发展。

再次，课程之间的空间关系上，需协调好法学各单门课间的关系，实践教学的设计思路可更开放。课程内容、组织形式可更多样化，教师指导方法应更注重实效性。教学效果评价、考核内容与方法应更细化，并形成一套可行的方案以供今后便利操作等。例如：实践教学得分计入学生的专业成绩中，以引起重视，增强实效。实践课程比重可适当提高，形成理论与实践课有机结合。形式上除了传统的模拟审判、专业实习、毕业论文等，还可采取社会调查报告、刑事侦查与物证技术试验、审判观摩、辩论赛、演讲赛、诊所式的法律教育、法律咨询等。精选内容，保证实践课程时间充足，提高教师指导实践课方式方法，以便更好开展实践课程教学。

最后，在课程之间的时间关系上，即需注意法学各门课程的特点、学生学习规律，处理法学各课程时间设置的先后逻辑关系，做好课程总体规划，从浅入深、循序渐进开设。注意协调课程时间与司法考试、公务员考试、国外留学等时间冲突，做好四年时间规划。

3. 课程内容方面

独立学院法学课程内容更需注意对重点、难点的把握，结合法学人才职业能力培养目标，考虑学科的跨知识性，注重课程内容的内在联系性设计，从学生特点与需求出发，将复杂内容条理化，枯燥内容生动化，难理解的内容通俗易懂化，重点内容可通过生动实践深化。

根据独立学院特色设计课程内容，加强社会实用性、实践性、应用性，结合时事，关注社会动态变化设计鲜活内容。在进行课程内容设计时，尽量避免出现重叠或中断，以提高时间利用效率。在公共课程，如思想修养与法律基础课上，针对独立学院法学人才职业能力培养，侧重融入法律人信念、品德、意志、职业生涯规划等内容。

4. 课程考核内容与方法方面

在独立学院法学课程考核中，应既注重教材知识的考核，也需将法学人才职业能力培养中的信念、品德、思维、本领、技能、创新能力、实践能力等纳入考核范围；题型多元化，可增加主观开放式试题、案例分析题，着重激发学生的法学灵活思辨能力、实际处理案件能力；提高平时成绩考核、实践课程考核比例，制定明细化、科学客观、可操作性的考核标准。考核的目的是检验教学效果，通过考核也能使教师及时发现问题，及时做出适当调整，进一步完善教学。

(三) 完善教学条件

教材方面，教师选择教材时，需注重与法学人才职业能力培养相结合，发挥主观能动性，丰富教材配套内容，多收集拓展资源。可选择条理性、逻辑性强，且语言生动有趣，既重理论又重视实践知识运用的教材，或主动依据独立学院法学人才职业能力培养特点编写教材。

扩展性资料方面，可多搜集或编写关于法学人才职业能力培养所需的信念、品德、思维、本领、技能、创新能力、实践能力有关扩展性资料。

实践性教学环境方面，独立学院自身可加强实践教学设备、设施、场所建设。协调实务部门工作时间与学院学生、教师的时间，可主动邀请实务部门人员到学院进行实践教学指导，独立学院的教师也需提高实务素质能力，努力锻炼自己成为双师型教师。做好学生安全保障工作，高效利用学生的假期、实习期、见习期。与独立学院党团组织密切联系，可建立法律协会、辩论协会、法律文书写作协会等，与学生的第二课堂活动结合开展法学实践活动。

网络教学环境方面，需加强经费的投入，加强网络环境建设。课件、教案等应结合独立学院学生的特点，有创新性、吸引力，克服制作技术层面的弱点。将网络学习纳入学生考核范围，加强网络学习监督。

(四)有效利用法学教学方法与教学手段

针对独立学院法学学生特点，关键在于调动学生学习积极性、主动参与教学的兴趣，因此需要有效利用各种法学教学方法与手段，让学生成为教学中的主体。例如：保证教学层面的硬件条件能激发学生的兴趣；采取鼓励式教学法，对学生的互动发言给予积极的肯定，同时也进行正确的引导，先从心理上打消学生因错误回答问题而导致的畏惧心态。

根据学生的反应，灵活调整教学方法与手段，例如：学生学习情绪不高时，可临时插播教学趣闻，这需考验教师的知识积累与语言趣味性，以及教师对所教科目的运筹帷幄能力，因此教师自身也需不断提高自身法学职业能力；或主动邀请学生参与教学、实践活动，采用直接点名回答问题、分组布置任务等方式，让学生主动关注、参与，带动学生的积极性；教师需多深入、关注独立学院法学学生实际生活、学习、活动，关注其兴趣、爱好等，将教学内容与之有机结合，当学生的学习兴趣被激发后，学生方能更好完成被动学习向主动学习转化。

在开展理论教学、案例教学、情境教学、抗辩教学、模拟法庭等教学中，例如：理论教学需注重对知识的重新梳理，让学生形成清晰的逻辑结构；案例教学时需选择典型案例进行透彻讲解，可将各类案例从易到难地进行分类，先易后难，注意插放案例的位置。案例设置的目的是辅助学生对重点、疑难问题的理解。存在争议的案例放最后讨论，但也需保证案例的新颖性、教育性、可探讨性，讨论完成后，教师需对各方讨论意见进行点评，总结，以便达到案例讨论的实效，也为学生在课后进一步深入研究案例，探讨案例所涉及的法律问题做好铺垫。

情景教学法、抗辩教学法、模拟法庭教学法中，教师平时需加强自身的司法实践经验积累，做到规范示范，增强自身实践技能、技巧能力，才能更好引导学生从不同角色、角度、思维、视角分析、解决实际问题，从而达到独立学院法学人才职业能力培养目标。

（五）改进教学评价

独立学院法学教学评价可采取自我、同行、学生、督导、专家、教务管理人员等相结合的方式进行评价，便于教学者自我主动反思；尊重各教学者独特的教学风格，客观、公正、科学制定教学评价标准体系；评价的具体要素中，要注重对教学者的教学与实践活动实效性的评价；评价体系需结合独立学院法学人才职业能力培养特点进行构筑。

评价指标设计应围绕这几个方面来设计：课堂教学的策划与设计体现培养目标、切合实际；教学内容中的本土化法律制度诠释和学生能力培养的主导性；教学特色突出专业特色、课程特色和教师个人特色；教学氛围和教学效果符合课堂教学。① 这种设计是较全面与科学的，值得借鉴。

评价的最终目的应是帮助教师找出不足，以更好完善自我专业素养，促进法学教师提高人才职业能力培养水平，从而提高独立学院的整体教学质量，为建设中国特色社会主义法治体系，建设社会主义法治国家，培养法学专业人才而助力。②

第二节　法官职业化视野下的法学教育

法官职业化视野下的法学教育，应在法学教育中融入政治思想、道德方面的教育，加强法学专业课程与教辅建设，加强法学专业师资建设，改进教学方法，借鉴国外经验、加强国际交流，以期为法官职业化奠定基础。

所谓法官职业化，是指法官以行使国家审判权为专门职业，并具备独特的职

① 李祖全．独立院校法学专业课堂教学评价体系研究[J]．法制与经济，2014(2)：109.

② 王彦．高等教育学实用教程[M]．桂林：广西师范大学出版社，2009：6.

业意识、职业技能和职业地位。目前，在法官职业化建设的进程中，职业化所涉及的理论与实际问题已经取得了一定的成效，但是，在法官职业化改革进程中，仍面临诸多问题和挑战。例如，司法制度还需进一步完善、司法环境还需进一步改善、基层法官的待遇保障还需进一步合理化、法学教育还需进一步深入等。其中，基层一线法官反映的问题更多，面临的挑战也更大。随着法治思想的日益深入人心，公众的法律意识在不断加强，公众越来越多地选择用法律武器维护自身合法权益，这也导致基层一线法官办案工作量增多，另外，基层法官还面临人身安全、绩效考核、责任追究等压力，导致法官办案积极性不高、人员日趋流失，已影响到该职业群体的稳定性。

法学教育是法官职业化的基础环节，法学教育的目标之一就是培养出能胜任法官岗位的人员。法官作为审理与裁决争讼问题的关键人物，其职业之初的法学教育环节是非常重要的，直接决定法官在实际工作中能否正确运用法律和依法判案。法官良好的心理与专业素质及综合素养也是在法学教育阶段奠定基石。在法官职业化视野下，法学教育应重视从以下方面展开。

一、在法学教育中融入政治思想、道德方面的教育

诚信、正义、道德、廉洁自律、平和的心态是法官的基本品质。想要端正法官的政治思想，保证良好的道德，应在法学教育中融入政治思想、道德方面的教育。这可以从公共基础课入手。

在思想道德修养与法律基础课相应章节中增加或侧重以下教育的内容：对于有些基层法官抱怨自己的职业和其他职业相比没有优越性、没有盼头的情形，在教育学生的“追求远大理想、坚定崇高信念”章节中，需强化认识实现理想的长期性、艰巨性和曲折性，引导学生思考“怎样取舍眼前利益、长远利益”。在“领悟人生真谛、创造人生价值”一章中，引导学生确立积极进取的人生态度，用正确的人生观指引人生；帮助学生正确理解人生的自我价值与社会价值的辩证关系。

在“加强道德修养、锤炼道德品质”一章中，让学生明确公民道德的基本要求和加强诚信道德建设的重要意义，增强道德修养的自觉性。加强心理健康教育，基层法官的心理承受力要求非常高，既要平等地对待当事人，又得在遵循法

律的基础上做出最终的公平、公正的裁判。因此，怎么样掌握有效的自我心理、情绪调适是很重要的。

同时，要鼓励学生发现自己的兴趣和爱好，增强学生的情操，当学生真正成为法官时，在工作之余也有自己的爱好与特长，不至于在工作中感到枯燥、焦虑、烦闷。在“遵守社会公德、维护公共秩序”一章中，强化公德意识，自觉遵守公共生活中的道德规范和法律规范，自觉维护公共秩序。在“培育职业精神、树立家庭美德”章中，让学生明确职业生活中的道德要求和法律规范，树立正确的择业观和职业观，掌握求职技巧、工作中的职业应变能力、待人处事能力。①

在马克思主义基本原理概论课相应章节中增加或侧重以下教育的内容：在“主观能动性与客观规律性的辩证关系”中让学生认识发挥主观能动性的重要性与方法。把握好“物质与运动的关系”“联系和发展”，培养学生随机应变的能力，使学生毕业后较快适应瞬息万变的世界，使学生真正走入法官岗位后，能提高自身心理承受能力，以防止因政策、法规变化带来的诸多职业不适，主动找到压力释放的途径。掌握好“矛盾分析法”，树立辩证统一的思维。掌握“质、量、度”的内涵、“事物发展的前进行与曲折性的统一”理论。对于目前的困难与困境不要抱怨与轻言放弃，要相信通过自己的努力终于有一天会成功，社会各方面包括自己会越来越好。而非一遇到难题就怨天尤人、自暴自弃。

掌握“感性认识与理性认识的关系”。对于法官而言，在判案过程中更应注重理性的规则认识，而非中国传统根深蒂固的重情、礼、德而轻理性思想。法官面对亲情、友情、爱情等各种情感因素，必须学会控制，不能将情感因素带到判案中，因为这样做的后果有可能会导致判案不公。

避免唯心史观中只考察了少数英雄人物的活动及其作用，而没有看到人民群众的伟大作用。党的十八届三中全会肯定了“广泛实行人民陪审员”制度，这要求法官也要深入群众，了解群众的思想、生活、疾苦，因此，在教育中要加强学生深入群众、认识群众重要性的学习。② 在“经济全球化理论中”，培养学生具有国际的思维与视阈，积极关注国内外动态以开阔眼界，为今后成为法官而奠定基础。

---

① 于鑫．法官职业压力的内在原因与组织支持完善——基于基层法官心理健康与职业压力测试的实证分析[J]．山东审判，2013(4)：55.

② 黄娟．论法官能动司法的功能和规制[J]．中南林业科技大学学报(社会科学版)，2011(1)：36.

二、加强法学专业课程与教辅建设

法学专业理论的教学是法学教育的核心，而实践的教学近年来也逐渐被重视。理论与实践是互相区别但又互相促进的，因此，两者都不能偏废。由于法官等公务员的任职要求通过国家司法考试、国家公务员考试，所以有关院校在教学的过程中除了教材专业知识的讲解外，还不得不加入了应付司法考试与公务员考试的知识与技巧，这本来无可厚非，但有些院校太过重视应试教育，而忽视了学生在职业之初的专业培养领域还应注意法学思维、法学学习方法、实践能力的教学。

学生在这样的教导下，只学会了如何应付国家考试，一旦考试过关走上正式工作岗位后，缺乏实际动手能力、独立思考处理实务、适应实际社会与工作等能力，也是部分初任基层法官拿到案件不知从何下手，久而久之恶性循环，严重者导致不能胜任岗位，离开政法队伍自谋职业的境地。

笔者认为应该通过法学专业课程中加强法学专业理论与实践方面的教育。例如：可以在法学专业基础课中开设有关法学实践课程，也可以在专业任选课中开设。对于通选课，其主要教学目的是为帮助学生了解各学科各专业的知识与作用，凭借学科的多样化以便培养和加强学生的科学和人文素养，提升学生的综合素质，促进学生全面发展，因此，也可适当在课程时间安排上灵活开设课程。

课程的表现形式也可以多样化，例如，邀请法律实务工作者、基层法官、检察官参与开办讲座、每周举办座谈会、论坛。在课程设计方面，例如：在课程教学目的、目标中，明确理论与实践能力的培养需上升到同等地位，应重视塑造学生对实际问题的分析和评价能力，培养其发现与思考实践问题的能力。对于研究生、博士生，应培养其专业理论与实践方面的学术研究旨趣，深化思想。

在教辅方面，可多结合理论与实践发展的前沿，进行创新，加强教材的专业知识性、普及性、适用性、实用性。教材的相关案例、材料、电子资源，期刊等也要做好相应配套建设。例如：目前，由于各院校、各层次的法学专业人才在培养过程中使用的教材不一致，往往也难以形成统一，很多教材都是由教师自由选择，那么在选择的过程中，应该与国家的法定要求一致，在此基础上应侧重选择附带案例、练习等具备实际操练的教材。

在编写教材的时候，也不能东拼西凑一些纯粹理论知识以应付。各院校应根据自己学生的大致特点、阶段，选用合适的教辅。及时发现学生的专业兴趣、爱好、短缺处，有针对性地进行教辅改革，例如：加强法学专业论文写作、法律文书写作、调研报告写作、论辩技巧、法学逻辑思维实训等教辅配套建设。

随着互联网时代的全面深入，结合高校学生喜欢与互联网打交道的特点，可以将法学教学中的理论与实际内容融入其中，开发与合理利用一些供法学专业学生实训的软件，以便学生更好进行专业学习与应用。

三、加强法学专业师资建设

加强法学专业师资队伍建设，对于培养高素质法学学生及今后的法官能力是至关重要的。在法官职业化道路上，新时代的教师除有过硬的专业知识体系外，更要求有职业的实操经历，这样在教学过程中才不至于理论与实际脱节，当前的教学中，学生更对实务中的案件与如何处理案件感兴趣，因此，对于教师的要求提高了。上课的熟练程度与技巧、科研需要通过自身的不断学习、实践、交流、总结来加以完善、提高。对于教师的奖励与提升，主要看教学与科研，因此，导致一部分教师过于看重这两块，而对有利于学生的实践能力探索缺乏主动性。

为了解决此类问题，有论者提出：定期安排法学教师走进法庭参与判案，建立高校法学教师办案考评机制，规定每位法学教师每年至少参与审判活动不少于两次，并将办案经历作为一种必需的社会实践列入高校法学教师职称评审条件中。还建议高校法学教师短期，例如半年或一年，到法院进行挂职锻炼。目前只限于领导岗位的交流任职。① 当前，确实有通过国家司法考试、获得律师职业资格证的教师参与到审判活动中，效果良好，但如果将进入法庭参与判案变成高校法学教师考评的硬性条件，目前还待进一步思考。首先应该对此类情况的各方面做好调研，涉及教师的时间配置、个人能力、法院系统的管理与人员配置及职责是否重合等很多问题。

所以，现阶段可以采取一些鼓励与促进教师参与实践的办法，之后再渐渐上升为一些制度或机制。例如，进行“双师型”教师认定，认定条件包括：每学年

① 谭世贵，胡志斌．高校法学教师与法官职业互动的研究[J]．安徽农业大学学报(社会科学版)，2011(2)：82.

必须承担一定的实践教学任务；需获得与法学专业、所任课专业相同或相近的技术职称、专业资格证书或专业技能考评员资格；相关实务部门一线工作经历；近五年主持或主要参与两项校内实践教学设施建设等。

其职责包括：开拓校外实习实训基地建设；定期到法院等部门参与实践锻炼进修学习，利用寒暑假至少 1 个月；参加专业技能培训并获资格证书等。此类教师可以享受的待遇包括：在专业技术职务聘任中有优先权；作为专业骨干教师评选的先决条件；同等情况下享有读研、评优、培训的优先权；岗位津贴增加合理的系数；进修期间给予适当的差旅补助；指导学生实践、科研的、获奖的给予换算一定课时、课酬。

四、改进教学方法

可以采用传统的讲授法与创新的互动法，这样，一方面能更清晰地对法学知识体系进行梳理与知识传授，另一方面也可锻炼学生的实践能力。

课堂可以使用讨论法，在教师指导下，全班分小组围绕某一法学热点问题发表小组意见，共同探讨，有利于激发学生灵感，培养学生的发散思维，教师与学生的思维也得以碰撞出智慧火花。努力教会学生独立思考的能力，带领学生进行专门的法学思维训练，教给学生学习的方法，以便学生毕业后从事工作时能举一反三、触类旁通继续职业生涯的再教育、研究。课后可以采取练习与课外阅读法、活动法，通过教师的引导，学生有计划地阅读专业相关书籍与资料，对有关问题展开思考，写出读后感。通过案例、练习题，能模拟相关权益纠纷的解决，培养学生学以致用的能力。

课外可以采用参观调研法、实习(或称实践法)。通过有计划地对参观调研进行问题设计，发挥学生的主观能动性、研究积极性，培养学生的创新精神。通过实习，学生真正接触到实际社会中存在的问题与案件，增加社会常识与人生的阅历，积累一定的实践经验，从而提高实际解决问题的能力，更深刻地理解与掌握课上所学知识，提高学生知识运用的综合素养，为真正能从事法官职业工作奠定基础。

在实践中，需要注意学生的安全教育、保护问题，目前很多院校由于担心学生的外出人身、财产安全，于是宁愿减少学生外出机会，也不愿让学生走出课堂参与实践，这样不利于实务工作者特别是法官素养的培养。为了解决该问题，可以通过院校与实践单位签订安全协议，指派教师带队全程监督等方式。

在实践教学中，还需注意分清教学与学生打工的情况，目前有些院校将实习直接与毕业证挂钩，强迫学生利用假期甚至上课时间到单位打工以填补社会单位的“用工荒”，这时涉及是否有偿出卖学生劳动力问题，有些社会单位、院校与劳务派遣联系，按低于劳动法规定的工资给付学生，单位、院校与派遣单位从中赚取利润，而损害了学生的合法权益，将实践教学与真正的工作弄混淆。

因此，如何进一步细化实践教学活动所要面临的问题还很多，除上述所说的之外，如果聘请实务工作者，例如法官、检察官等到学校教学，涉及法官、检察官的公务时间与到院校教学时间如何分配、待遇如何保障问题；学生如果到了实务部门如法院，那么怎样配合实务部门法官的工作，与法官助理、书记员等法院已有人员工作职责如何相区别，这些都是值得进一步细化及思考的问题。

五、借鉴国外经验，加强国际交流

在法国，设立专门的国立法官学院培养法官，在其四年的学制中，一方面学习包括社会学、经济学、历史学在内的广泛的法学知识，另一方面重视逻辑与方法论的学习，进行对素材组合思维的训练，待他们养成习性把这些原则的整体看作是法律的根本之时，就可以直接进入法院工作了。①

在英国，主要采取师徒式的法律教育，以资深法律家(主要是律师)为指导，学生学习强调自助的学习方式，注重提出反复出现的典型的法律问题来进行讨论。辩论和模拟审判，这种方式围绕推理形成了特定词汇以及有关的解释和演绎，它们适应了不同的需要，并在必要时扩展，“类推”或作技术性假设，② 从而养成英国法官所特有的职业理性。

我国的法学教育也可以多与他国交流并结合本国国情借鉴这些合理的方法，例如增加法学知识的广度与深度教学、设置专门的法官学院进行更专业的职业教育、让法学界的实务工作者与院校教育形成良性互动。

---

① 大木雅夫．比较法[M]．北京：法律出版社，1999：282.

② 马克斯·韦伯．论经济与社会中的法律[M]．北京：中国大百科全书出版社，1998：200.

第四章　基于“卓越法治人才计划”的课程改革研究

第一节　供给侧改革视野下的课程教学探索与实践

供给侧改革属于经济领域新词，对目前高等教育行业、法学教育教学有重大启示。其旨在达到人才培养供给侧与社会需求侧平衡与匹配状态，促进人才能及时与相应岗位匹配。视角新颖且具重大理论与实践意义。主要从宏观高等教育、法学教育、独立学院法学教育教学，至微观的独立学院刑法课程教学探索与实践研究，以期为法治中国梦、和谐社会构建助力。

一、供给侧改革的概述

(一)背景

中共中央总书记、国家主席习近平在2015年11月主持召开的中央财经领导小组第十一次会议中，研究了经济结构性改革并发表重要讲话提出：“推进经济结构性改革，是贯彻落实党的十八届五中全会精神的一个重要举措。要牢固树立和贯彻落实创新、协调、绿色、开放、共享的发展理念，在适度扩大总需求的同时，着力加强供给侧结构性改革，着力提高供给体系质量和效率，增强经济持续增长动力，推动我国社会生产力水平实现整体跃升。”“社会政策要托底，就是要守住民生底线，做好就业和社会保障工作，切实保障群众基本生活。”“充分发挥创新人才的积极性、主动性、创造性。”

“供给侧改革”提出的背景：“供给跟不上需求”“供需不匹配”正成为经济增

长的重要障碍。服务业是未来中国经济和社会的稳定器，例如教育领域中，其瓶颈不是需求不足，而是供给不足，或需求与供给不匹配，供给分布不均等，因此形成了供给侧乏力，进而需要进行供给侧改革。

（二）含义

供给侧改革是指寻求经济新动力新增长的新思路，从供给、生产端入手，主要通过提高社会供给来提升竞争力，从而促进经济发展。供给侧改革的本质，是助推经济增长方式从低级向高级转变，例如：外延扩张型向内涵开发型增长方式转变，要素或投资驱动型向创新驱动型增长方式转变，资源—产品—资产—资本运营增长方式向知识运营增长方式转变，达到我国经济良性可持续高速发展的目标。

（三）提出要求

总书记习近平用“加减乘除”四则运算形象诠释了供给侧改革新举措。其中的“加法”包括增加人口供给、提升全员素质、提升创新能力、增加公共产品供给等方面，通过人力资本充分开发利用促进经济增加。改变忽视基础、职业和专科教育，侧重高学历教育的失衡现状，举行大范围全员培训。“减法”主要指政府简政放权，更多发挥好企业和个人的作用，充分调动其创造性和积极性。“乘法”是以创新发展为理念，其中又以科技创新为核心推动经济几何式发展，形成新的经济增长动力源。“除法”主要是指淘汰过剩产能，通过破产、重组等方式改善产业供给。

（四）对高等教育行业启示

供给与需求是经济学中同时存在的一对关系。需求管理侧重短期内对经济生活调节，而供给管理更侧重中长期及远期和全局性结构性调节与可持续发展。我国在改革开放后直到当前主要通过资源、资本、消费、出口的要素维持经济增长，而未来在关注需求同时，将更注重劳动力、科技与制度、创新的要素，从而实现经济健康稳定发展。高校是培养和提供专业、创新人才的最终关键环节之一，属于供给侧的一部分。

现代高等学校有四大职能：培养人才、科学研究、社会服务、文化传承等。近年来，我国高校大都在推进科技创新与教学改革及制度建设，但问题是培养出的就业人才难以满足经济社会所需，不是总量不足，而是总量大于所需，或是符合经济社会需求的人才不足，即供给不足，或需求与供给不匹配，供给分布不均等。例如：大学生抱怨难以找到适合自己的工作，用人单位抱怨高校培养的人才不好用、留不住，难以招到想要的人才。

可见社会经济发展人才需求较大，但人才有效供给不足，培养出的人才因为不合用人单位要求故形成了过剩。因此高校作为培养及输出人才的供给方如何顺应时代形势，如何培养出经济社会所需人才，如何有效将知识科技转化为生产力，需在供给侧改革视野下重新审视高校相关问题，从而使我国经济增长实现内涵开发型、创新驱动型、知识运营型，增长方式转变是十分必要的。

供给侧改革视野下对高等教育行业启示主要在于：高等教育行业也需围绕创新、协调、开放、共享的理念，努力提高高等教育人才供给体系质量和效率，增强长远性、战略性和可持续性，提升人才的整体素养。充分发挥创新人才的积极性、主动性、创造性。提高有效供给，使需求与供给匹配，供给分布均衡。将基础、职业和专科教育与高学历教育置于同等重要地位，举行大范围全员培训以提升全员素质。去粗取精，发扬继承原有优点优势，抛弃落后的不当之处进行改革，以更新和重构高教供给侧。

（五）供给侧改革视野下的独立学院刑法课程教学研究现状分析

在国内，目前学术界有的从普遍法治人才培养研究，例如涉及法治人才含义、构成、培养基本原则、历程、模式、现状、培养计划、机制。有的仅对实践教学研究，提出面临困境与解决对策。有的只笼统提出打造特色专业，传承民族文化，合理布局学科专业，适应民族地区需要，凸显所在地区特色，根据所在学校自身优势与特色定位。有的提出利用后现代主义哲学的多样性、差异性贯穿普遍教育中。

而针对刑法课程教学改革的研究体现在：大部分单从教学方法中的案例教学法进行研究，有的对案例法在民族院校刑法中的实践进行探讨，提到案例教学法起源与发展、必要性、在民族地区运用的变通性、特殊性、所存在问题、优缺点、含义、作用、选取原则、程序等。少许学者对情景模拟教学法的优点、面临的问题进行探讨，有的提出模拟法庭面临新问题。

偶尔有学者对刑法课程教学方法进行一般研究，提出讲授法、观摩法、模拟体验法。有的笼统提出刑法教改趋势，有的只研究刑法教学对学生法律思维能力培养重要性，有的提出要与司法考试导向相结合。极少从独立学院角度出发研究，有的只是从广西独立学院法学双语教学现状、价值定位进行大致探讨。有的笼统对民办高校新专业建设探讨。

在国外，主要对刑法课程教学方法中的案例教学法有所研究与实践，例如：案例教学法最早来源于美国哈佛大学法学院。在供给侧改革视野下，国外已有探讨，主要涉及：为满足社会需求侧，与实践衔接，供给侧法学教育有法律诊所，其起源于20世纪70年代初期美国，主要用于法律实务人才培养。此外，英美法系国家，例如：英美早期法学教育皆为学徒制，律师学院承担法律人才培养任务，培养目标是实务型法律人才。

而大陆法系国家，例如：德国虽早期重视法学教育理论和学术性，但近代也重视实践教学，有两年见习期，目标是培养以律师为主要需求的高级法律职业人。为达到供需平衡，韩国法律硕士研究生是进入法官、检察官、律师行业唯一途径，主要采取提高教学质量并适当控制招生规模实现，招生人数主要依据法律家供求情况与民众对法律服务需求而定，且由教育人力资源部与法务部、法院行政处、韩国法学教授协会、韩国律师协会商议，各学院招生数量又根据所处地点、办学能力等由法学教育委员会确定。① 对于我国本科法学教育有一定借鉴意义。

为弥补高校实务技能培养不足，英美法系国家采取法律事务者与法学院教师双向流动法，在大陆法系国家，例如：德国学习法学基础理论四至五年后参加国家考试，通过者进行两年见习，此时主要由实践经验丰富导师培养学生实务能力，再考试，合格者方能在实务部门工作。②

综上可见，目前，由于供给侧改革提出较新，且从经济领域而来，故在供给

① 陶建国，谢奎柱．韩国法科大学院教育制度评价[J]．保定学院学报，2011(5)：99.

② 谢恩芝．论我国地方高校法学本科教育的发展思路[J]．广西师范学院学报(哲学社会科学版)，2013(3)：115-116.

侧改革视野下独立学院刑法课程教学探索与实践研究较少，因此，从此视角进行深入、全面研究是新颖独特的，有新启示与现实意义。

同时，本研究从宏观高等教育、法学教育教学、独立学院法学教育教学到微观独立学院刑法课程教学探索与实践研究，在供给侧改革视野下，更具前沿性、系统性、全面性、深入性、创新性、实用性。由于某些方法源于国外，因此借鉴到我国教学探索与实践中，会面临问题，因此，如何更好扬弃也是本研究中关注焦点。

二、独立学院法学教育教学面临挑战

(一)理论依据

《国家中长期教育改革与发展规划纲要》中提出："着力培养信念执着、品德优良、知识丰富、本领过硬的高素质专门人才和拔尖创新人才"，"充分发挥高校在国家创新体系中的重要作用，鼓励高校在知识创新、技术创新、国防科技创新和区域创新中做出贡献"以及"要牢固树立主动为社会服务的意识，全方位开展服务"。

《广西壮族自治区人民政府关于深化高等教育综合改革的意见》中提出："着力培养应用型、复合型、创新型人才，全面提高高等教育质量。""加快地方应用型高水平大学建设。支持独立学院等普通本科高校全面服务地方经济社会发展需求，以加强区域产业发展急需的应用型学科专业建设和培养应用型人才为主要任务。力争建成国内知名、区内领先、区域或行业特色鲜明的地方应用型高水平大学，使学校成为我区和区域经济社会转型升级的重要方面军。"

《广西高等教育强基创优计划》中提出："建立需求导向的学科专业优化机制、就业导向的人才培养类型调整机制。""到2020年，每所高校都要建成若干特色鲜明、优势突出、与当地经济社会发展紧密结合的学科专业。""支持高校主动建立需求导向的学科专业结构和创业就业导向的人才培养类型结构调整新机制。支持高校开设服务支撑我区经济社会发展重大战略需求的专业，停招、停办一批不能适应经济社会发展需要、就业率低的专业。"

党的十八届四中全会《决定》提出全面推进依法治国，从立法、执法、司法、守法，对我国法治建设提出了具体要求，使社会主义法治建设蓝图更全面与完整。其中必须有中国特色社会主义法治人才作保障。因此，需"加强法治工作队伍建设""创新法治人才培养机制"。可见，这些为深化法学教育教学改革指明了方向，同时也提出了更高要求，独立学院法学教育教学面临机遇与挑战。

（二）供给侧主要涉及问题

即人才培养端的独立学院法学教育教学主要涉及问题。据2015年中国大学生就业报告显示，法学专业就业难，独立学院法学专业就业更难。其重要原因之一即包括独立学院在内的高校长期片面重视需求侧的改革而忽略供给侧改革，有的无法准确把握社会人才需求，在供给与需求的关系问题上存在认识误区。根据现代高等学校四大职能：培养人才、科学研究、社会服务、文化传承等，供给侧主要涉及问题有：

1. 盲目的法学人才培养观念

包括独立学院在内的很多高校法学专业都将社会需求作为人才培养的落脚点，而忽视人才培养的其他方面。相关部门对法学专业设置、就业率考核等作为重要评价指标，也强化了高校对社会需求的重视。而社会中的用人单位良莠不齐，有的单位急功近利，有的单位缺少战略意识，有的单位缺少长远规划，因此某些社会人才需求是过时、盲目的。① 若包括独立学院在内的高校一味迎合与迁就这种需求，则培养出的人才更急功近利，人才质量与层次会不断降低，更难就业。

2. 法学科学研究纵横不均

对于关系社会经济发展全局的法治社科研究、省部级以上课题项目在高校中得以重视，这些都属于纵向科学研究。而能解决企业、司法机关等单位切实问题以及社会经济发展中的实际问题，这些属于横向科学研究，却在高校申报、评选、考核中不被重视，甚至被边缘化。科学研究的具体内容中也表现为更注重刊物影响力与级别，而不重视具体内容与质量、实用价值。这种科学研究纵横不均状况制约了科研创新活力的激发，进而成为独立学院法学教育教学中人才素质提高的主要障碍之一。

---

① 陈建超．基于人才培养的高等教育供给侧改革[J]．教育评论，2020(12)：47.

3. 法律社会服务的表面化

社会服务与实践是检验知识的最佳途径，也可以促进人素质的综合发展。社会服务有赖于人才的培养，包括独立学院在内的高校法学教育教学中，某些高校忽略了自身的公益和公立性质，没有将社会服务的理念贯彻到实际行动中。① 在某些社会服务开展过程中，掺杂了名利因素，能带来名利的就开展，否则不开展或简单应付，缺乏事后持续关注与后续跟进行为。

4. 法治文化传承的弱化

目前包括独立学院在内的某些高校将文化传承简单理解为院校建立时间长短决定了文化传承的多少。有的高校片面认为，建院校时间越长意味着文化传承越好。有的高校没与时俱进的根据自身特色与特点定位校训与文化内涵，仍沿用过时的口号或缺乏对文化内涵的理解与研究，因此也就难以实现真正的法学文化传承。

5. 外部风险环境

独立学院法学教育教学外部风险环境，主要包括：政府对独立学院发展政策支撑具有不稳定性，对其定位归属具有不确定性，因此需要独立学院提供优质特色教育资源，提高办学质量。国际、国内、地区、民族、区域等背景及形势变动，引发外部人才需求对高校法学人才需求变动，在应变能力方面略显不足。

独立学院存在生源危机，有的只依赖学费收入维持运营，缺乏内涵建设，难以找准竞争优势。有的欠缺办学定位、理念、培养模式、课程体系等方面的全面革新，未朝应用型人才培养方向入手。领导层与人才队伍相对不稳定性制约了独立学院各方面建设与发展。

(三)社会人才需求侧主要涉及问题

1. 急需高素质法学专业人才

实际中，社会需求与人才培养出现错位，甚至恶性循环。缺少长远规划、战略意识、急功近利的用人单位，形成了片面、短视、盲目的社会人才需求观。

例如，只注重人才带来的短期利益而忽略法学人才的职业道德；只注重人才

① 冯增俊．建设有中国特色的比较教育学[J]．华东师范大学学报(教育科学版)，1998(2)：51.

是否通过国家各类资格证书，是否名校毕业及热门专业，而忽略有无法实践能力。这些单位的人才需求反馈至各院校，则可能影响以社会人才需求定位的高校法学人才培养，若长年累月则会形成恶性循环，导致社会需求与人才培养出现错位，高校法学人才培养质量与社会人才需求的层次不断降低，因此，会出现单位抱怨：学历越高的反而不如学历低的实用，而高校也会疑惑为何在迎合社会需求情况下，学生仍面临巨大就业压力。①

2. 急需高校法学科学研究助力

高校法学专业的科学研究能促进各用人单位实务问题解决，提高生产力。社会经济发展中的各类用人单位除了关注社会经济发展全局的、级别高的研究外，更关注能切实解决自身单位实务的研究，以及能解决社会经济发展中实际问题的研究，他们更希望这类的横向课题研究被重视并真正得以开展、实施，而非只是走过场。

3. 急需与高校法律社会服务职能联合

高校法学教育与社会需要接轨，增强社会的适应性，为学生顺利进入社会工作而奠定基础。独立学院更侧重于应用型、复合型、技能型人才培养，因此，社会人才需求端急需与高校法律社会服务职能联合，高校在法学教学内容、专业设置、教育评价等方面应与社会需要契合，视市场情况决定专业设置与培养目标。而目前某些包括独立学院的高校法学专业社会服务职能存在表面化，只追求对高校自身有利的因素，而忽略了真正为社会服务的职能，而相关单位对高校的不当做法也是容忍、放任，缺乏责任制约。

4. 急需高校法治文化传承，以促进社会、经济、司法等领域全面进步

要想实现内涵开发型增长方式、创新驱动型增长方式、知识运营增长方式，以达到我国经济良性可持续高速发展目标，为法治中国建设保驾护航，则急需高校法治文化传承的职能真正发挥，因为文化传承是国家、民族之魂，能促进社会、经济等领域全面进步。

5. 外部环境充满机遇与挑战

国家、自治区对高等教育改革和发展提出新要求，当前时代背景下的社会经

① 杨菊仙．人才培养模式创新实验区的建设路径与发展策略[J]．国家教育行政学院学报，2010(3)：37.

济发展中，需要复合型、应用型、创新型、国际化型人才，重视学历逐渐转向为重视实用技能，国家对实用技能职业教育高度重视。国家西部大开发战略、民族区域自治深入实施，中国—东盟自由贸易区建成、广西北部湾经济区进程加快给独立学院快速发展带来良好机遇。但国际政治、经济瞬息万变，易引发中国与有关国家外交紧张，进而影响到社会人才需求及独立学院教育教学和人才培养供给，因此也具有各种挑战。

三、供给侧改革视野下的独立学院刑法课程教学探索与实践检视

（一）供给侧改革视野下的独立学院刑法课程教学改革紧迫性

刑法学属于法学专业一级独立学科，由教育部全国高等学校法学教学指导委员会所开列，是高等学校本科法学专业的核心课程之一，是法学专业学生的专业必修课。目标是使学生掌握刑法学的基本理论、知识和基本技能，从而更好进行相关立法、执法和司法实践。中国法制史最早从刑法开始，因此国家在招收首批法学专业学生时，就开设了刑法学这门课程。

刑法学内容丰富，体系庞大，重点难点多。与刑法学有关的辅助课程还包括犯罪学、证据学等。刑法学不仅理论体系复杂、深奥，更注重实践应用能力运用。国内、国际法律纠纷主要以民事、刑事、行政、国际案件为主。刑法是规定犯罪、刑事责任及刑罚的法律。刑事责任是最严厉的国家强制措施。

根据中国《刑法》规定，一切危害国家主权、领土完整和安全，分裂国家、颠覆人民民主专政的政权和推翻社会主义制度，破坏社会秩序和经济秩序，侵犯国有财产或者劳动群众集体所有财产，侵犯公民私人所有财产，侵犯公民人身、民主和其他权利以及其他危害社会行为，依照法律应当受刑罚处罚的，都是犯罪。可见刑法是解决国内和国际重大案件、维持社会稳定及维护各合法权益的必备工具。

随着社会经济发展及供给侧改革提出，社会及刑事司法部门等需求侧更需创新型、开放型、复合型、应用型、国际化型高质量刑法学人才。在刑事司法实务中，需供给侧端的高校刑法学人才培养与其同步实现高效、长远的可持续发展，共同提升人才整体素养，充分发挥创新人才的积极性、主动性、创造性，从而提

高刑法学人才有效供给，使需求与供给匹配，从而解决刑事纠纷，为实现法治中国梦、社会和谐稳定奠定基础。因此，独立学院刑法课程教学改革更具紧迫性。

而目前供给侧端的独立学院刑法课程教学中仍存在问题，例如：教学大纲、教学内容、教学方法比较陈旧，缺乏实践创新性、生动性、实用性和启发性，不符合时代需求；理论与实践脱节；刑法学人才培养、科学研究与社会服务分离。如何发挥独立学院刑法学课程教学独特优势，使培养出的人才能更好与社会需求匹配，都需进一步分析，才能为问题解决铺平道路。

（二）供给侧改革视野下的独立学院刑法课程教学存在问题

1. 课程基本情况

（1）理论课与实践课教学内容仍不完善。目前，仍缺乏结合本学院办学定位、人才培养目标与生源情况，进行本课程在专业培养目标中定位与课程目标设置。只是强调了与依法治国、党和国家方针、政策和大学生教育培养目标结合，要求掌握刑法基本原理、制度，缺乏职业道德、刑法思维、品质、信仰、法学其他综合素质、人文素养、特殊实践技能、身心健康、特色竞争力培养、科研能力、社会服务素养等内容。①

（2）课程的重点、难点多并且复杂，学生难以透彻掌握。课程教学重点主要在：刑法基本理论、原则、制度。难点在于刑法基本理论体系复杂，学生较难理解，又有许多理论问题本身存在争议或仍悬而未决。理论与司法实践由于法律滞后性，因此仍存在一定距离，现行立法规定与司法实践常出现矛盾。目前仅通过详细深入介绍相关理论，采用中外、古今、学理与立法、司法解释规则对比，仅让学生了解了现行法律制度字面意思。

（3）实践教学课的设计与实施中，虽有一定成效但缺乏创新，难以达到预期目的。刑法是实践性很强的学科，因此系统理论讲授外，实践教学环节很重要，也是社会需求侧急需。目前主要采取模拟法庭教学，刑法一般设在大一下学期开课，故学生学完基本原理后则进行模拟法庭，采取分组、选案例、指导程序及实体法运用、分析、撰写法律文书、比赛、总结、评分、计算专业成绩等阶段。此

① 叶敏，万后芬．特色专业建设的背景及专业特色的凸显——以市场营销专业为例[J]．中国大学教学，2012(1)：48.

方式能巩固所学理论，提高学生学习兴趣、积极性、主动性、分析与解决问题能力，掌握当事人、法官、刑事辩护人的职责，强化刑法相关原理的实际运用。

模拟法庭具体操作包括：开庭审理前要求学生温习刑法有关原理、案例，寻找开庭有关材料、法条。开庭中实地观摩、旁听审判、参与辩论。庭后写实训报告，包括：目的、内容、步骤、讨论、结果、心得。实践课时只有 6~8 课时，所占比例过小，且难以符合真实案件情境，考核内容与实践教学方法单一，因此难以达到预期刑法学人才培养目标。

2. 教学条件

(1)教材使用与建设缺乏针对性。目前独立学院刑法教学可供使用的大多为教育部国家级规划教材，虽基本为刑法学研究领域的一流教授、专家，内容准确涵盖学科基本理论，但缺乏针对独立学院学生特点的教材，也难与学院办学特色结合，难与应用型、复合型、创新型、国际型人才培养标准相符。

(2)扩充性资料使用率较低。虽配合教学需要，指定学生阅读相关原著、名篇、法典，并写读书笔记，查找相关课程扩充资料，但由于时间、地点、条件等制约，扩充性资料使用率较低，学生自主学习性不高，因此难提高学生认识与分析问题能力、理论修养与法律素养。

(3)实践性教学环境有限。虽有一定发展，但大多局限于与律师事务所、法院、检察院共建实习基地。例如：法院旁听，寒暑假为期 1~2 个月的实习。提高了学生法律意识、理念、实践能力。但考虑到学生人数较多，故很多学院采取集中与分散实习方式。

集中实习主要由学院系部统一安排到正式司法机关，而分散实习则由学生自行安排，因此有的分散实习流于形式，而集中实习的学生往往只得到了短期锻炼。在实习时间、实习内容、实习评价、实习监管等方面仍存在非科学性。且实践性教学环境若仅局限于实习环境中，也难以满足社会需求侧，更难体现特色。

(4)网络教学环境建设有成效但提升缓慢。目前大多数刑法教研室已利用多媒体教学，从声、光、影等多方面促进学生学习。电子课件、QQ、微博等都有利于对学生进行个性化指导。但有些过于依赖网络技术，而忽略了主要教学手段运用，有的也因为经费或技术限制，未完善网络教学环境建设。

3. 教学方法与教学手段

(1)教学理念陈旧。由于刑法内容繁杂，因此灌输式教学占主导地位，这与非常注重实践的刑法立法与司法脱节。这与供给侧改革中，所需对学生主动性、创造性培养的教学理念不符。

(2)教学方法与手段急需更新。教学手段包括多媒体、网络、电话。能节约翻书时间，使课堂教学内容更形象生动，提高学习效率，及时进行师生间交流、答疑解惑。教学方法主要包括：理论教学法，存在简单照本宣科的问题，因此难让学生形成清晰逻辑架构，易感枯燥无味，有些教师直接将高深的未决前沿问题灌输给学生，造成学生丧失了继续学习的信心；案例教学法，常包括举例、案例讨论、归纳总结等，操作时，有些教师未注意细节问题，例如：案例的事先选择、案例讨论的过程程序等；情境教学法，本意是让学生通过模拟来体验各种现实角色，体会不同情感，拥有多种思维视角去分析、解决问题，但若缺乏周密计划，则会导致课堂秩序混乱，目标不清而难达效果；抗辩教学法，即围绕某议题将学生分组抗辩，以便教师及时发现问题，帮助学生掌握职业技能，但某些教师缺乏实务经验，故难将此方法运用自如，学生也缺乏有效指导。

4. 课程考核

由于是专业核心基础课，因此形式大多为笔试、闭卷为主，缺乏实践能力考核标准与评价。题型为较传统的名词解释、选择题、判断题、简答题、论述题，能反映刑法思维能力的案例分析比重较小。学习成绩最终评定由期末考试卷面成绩与平时成绩构成，期末考试卷面成绩占50%，平时成绩占30%，段考成绩占20%，平时成绩由课堂表现与作业构成，也缺乏与复合、应用型人才相符的评价依据与标准。

5. 教学队伍情况

(1)教学队伍整体结构较合理，但存在薄弱环节。独立学院刑法课程教学中，教师的学位大多是硕士，少数为博士。年龄结构是45～50岁比例为20%，36～45岁比例为20%，35岁以下比例为60%。学缘结构为大部分教师毕业于当地高校，也有少部分来自外省。

由于大多数教师直接从高校毕业就到高校任教，很多未经过实务部门工作磨炼，因此，虽然教学经验、学术和教学水平可通过多年教学实践增长，但难以将刑法实务中经验与技能融入教学与科研中，故出现理论与实务脱节，影响了刑法专业人才培养质量。由于独立学院法学专职教师数量较少，大多依赖母体大学法学院的法学师资，故实验辅助教师与学生的师资配置比例仍较低，也影响了实践教学开展。

(2)教学改革与研究有一定积累，但实效不明显。近年来，独立学院刑法课程教学改革在摸索中进行，采取了传统知识传授为主，法条结合，案例为辅，同时采用模拟法庭等方式，积累了一定经验。但很多教师将案例法简单等同于举例，没有将案例教学法的精髓贯彻到位。且原有的教学方式方法、研究过于陈旧，未与时俱进更新，缺少创新性，不利于刑法人才积极性、创造性、主动性的培养。

(3)青年师资培养力度不够。一般采取听课与进修制度，即学院督导或教研室有丰富教学经验的教师定期听课，课后给出改进建议。支持与鼓励年轻教师参加省内外学术会议及攻读博士。这些措施确实能短期让青年教师迅速成长起来，但缺乏量化的科学评价制。还需学生、督导、司法实务部门人员等共建评价机制，提升师生的法学专业与综合素质。此外，师资培养中缺乏供给侧改革的思想，也应结合市场需求端，增强师资培养的战略性、可持续性，而非一时兴起或走过场。

四、供给侧改革视野下的独立学院刑法课程教学可行性

(一)供给侧改革视野下独立学院法学教育教学完善建议

在供给侧改革背景下，独立学院法学教育教学应从如下方面履行基本职能，进而推进刑法课程教学探索与实践。总体上，高校应以引导、升级社会需求为自身责任，同时，应真正树立为社会服务的宗旨。

1. 培养法学人才方面，应树立科学、前瞻性的理念，与社会需求良性互动

不盲目迎合急功近利的社会需求。应考虑在合理社会需求前提下，将眼光放远，树立道德品质良好、专业知识扎实、专业技能过硬、人文素养高、综合素质高的，适应未来社会、经济发展需要的法学人才标准，并依据此标准培养学生。通过供给侧高校方自身改革，向需求侧提供更高级别的法律人才，从而使供给侧与需求侧实现对接。

2. 法学科学研究应纵横均衡，应与社会服务建立科学连动

除了重视社会、经济发展全局的法治社科研究，还应重视企业、司法机关等单位中亟待解决的切实问题。法学科学研究具体内容中，除了注重刊物影响力与级别外，也应重视具体内容、质量、实用价值。通过与企业、司法实务部门开展深入研究，能更了解现实需要。同时改进、升级企业、实务部门的人才需求，使其更具前瞻性、战略性、未来导向性。

3. 法律社会服务的实在化，社会服务需与法学人才培养、法学科学研究紧密结合

社会服务与实践能促进人才素质的综合提升，社会服务有赖于人才的培养水平与质量。高校法学教育教学中，应将社会服务的理念真正重视起来，并贯彻到实际行动中，加强后续跟进。法学科学研究中，应解决企业和司法实务部门的亟待破解问题。促使高校理论与实际结合，打通高校与企业、实务部门协同创新渠道，从而实现高校与企业、司法实务部门的人才输送畅通，使企业、司法实务部门、高校间实现供需平衡。

4. 理智开展法治文化传承

包括独立学院在内的应用型本科高校应与时俱进，根据自身特色与特点，定位校训。在文化内涵的科学研究基础上，实现法治文化传承。文化传承是人才培养、科学研究、社会服务的核心与灵魂。

5. 定位准确，提炼核心竞争力，规避可控风险

独立学院法学教育教学中，面对国家政策风险，需定位准确，突显办学特色，提高教育教学质量与人才培养质量，优化教育资源，并服务国家重大发展战略。需密切关注国际、国内、地区、民族、区域等形势变动，适时调整高校法学人才培养目标，拓宽学生知识结构，提升学生、教育工作者的应变力、适应性。加强内涵建设，提炼自身的国内国际核心竞争优势，并将之有效发挥。与时俱进从办学定位、理念、培养模式、课程体系等，全面进行革新，朝应用型、复合型、创新型、国际型人才培养方向迈进。保持领导层与人才队伍相对稳定性，加大激励措施，建好发展平台，做好坚实人才保障。①

① 张红，张丽．贵州民族高等院校学科建设与人才培养模式探索[J]．贵州民族大学学报(哲学社会科学版)，2013(3)：190.

(二)供给侧改革视野下的独立学院刑法课程教学完善对策

1. 进一步优化课程基本设置

(1)完善理论课与实践课教学目标与内容。在供给侧改革背景下，要想实现培养的人才与社会需求端更加匹配、具竞争力，则需结合各独立学院办学定位、人才培养目标与生源情况，进行本课程定位与课程目标设置。除与一般大学生培养目标结合外，还应增强需求侧的职业道德、刑法思维、品质、信仰、综合素质、人文素养、特殊实践技能、核心竞争力培养以及科研与社会服务素养培养。与供给侧改革所需开放性、国际型培养目标结合，可补充开设外国刑法、国际刑法课。

(2)找准突破口，将课程重点、难点知识一网打尽，提高学生学习效率。做到重点突出，疑难问题简单化、生动化、易消化。本身存在争议或仍悬而未决的理论问题可单列出来，在实验课上探讨。由于法律滞后性导致的理论、立法与司法实践脱节、矛盾之处，也需巧妙化解。可采取分层分类法，区分一般、复杂、疑难、典型情况，具体问题具体分析，使学生形成清晰思路。

(3)创新实践教学课设计。实践教学与理论讲授需密切结合，实践教学是理论讲授的升华与检验，故两者同等重要。设计时需注重学生学习兴趣，努力提高学生的积极性、主动性、分析与解决实践问题能力。需适时增加实践课时。考核内容应注重学生刑法综合素养测试，探索多样化的实践教学方法。

2. 进一步完善教学条件

(1)教材使用与建设应凸显特色。可结合教育部国家级规划教材，结合独立学院刑法教学供需双方特点与需要，编写或更新相关教材。内容系统、准确涵盖基本理论的同时，应根据独立学院学生特点，与各独立学院办学特色结合，教材体现应用型、复合型、创新型、国际型人才培养标准。

(2)提高扩充性资料使用率。打通时间、空间、条件限制，与理论课、实验课协调，提高学生自主学习性，变要我学为我要学，关键在于提升学生学习兴趣、增强学习信心，教师及时对学生进行引导、肯定。

(3)开拓创新实践性教学环境。除与律师事务所、法院、检察院共建实习基地外，可采取见习、旁听、法律援助、法律诊所、与第二课堂活动结合等方式。

实习、见习等时间可与实践部门事先沟通协商，以提高实践教学时间利用率。此外，需完善实践教学内容、评价、监管等。

(4)提升网络教学环境建设。有关部门在资金、人员、技术等方面应给予支持。优化传统教学手段同时，适当运用网络便捷、生动等优势，使教学环境整体得以提升，为学生学习与实践奠定基础。

3. 与时俱进更新教学方法与教学手段

(1)摒弃灌输式教学理念。改变只满足于教师孤芳自赏的单向灌输式教学，变为师生、校内外理论与实务部门有效互动式教学。注重刑法立法与司法衔接，供给侧人才培养紧密衔接社会人才需求端，非简单埋头扩招，应促进供需匹配。重在培养学生主动性、创造性。

(2)创新教学方法与手段。坚持原有多媒体、网络、电话教学手段优势基础上，改进与创新教学方法。理论教学法还是必要的，因为只有打下坚实刑法基础理论后，才能有效开展其他形式教学活动，因此需注重严谨性、条理性、系统性、前沿性、现实性、生动性，针对学生特点与社会需求侧，深入浅出地将知识传授给学生。

案例教学法中，应区分简单举例与理论解释。案例教学法包括前期准备、案例讨论及讨论后的总结、心得体会等，能提高学生刑法综合素养，因此是系统化的、长期的过程。应注重案例事先选择，应选择时代性、针对性、典型性、启发性、一定疑难性、地方性、特色性、真实性、新颖性、拓展延伸性、趣味性的案件，也可将案件难易、复杂、争议程度，分类帮助教学，体现学生与材料、学生间的互动，提高学生主动性、积极性、参与性。案例讨论过程中，能实现师生良性互动。讨论后通过教师点评、引导，师生总结、提升，以增强理论理解深度、广度、准确度，清晰度，同时也锻炼了学生人际交往、语言表达、科学研究能力。符合供给侧法学人才培养目标。

情景教学法，让学生通过模拟体验司法部门或当事人不同角色、思维、情感等，锻炼学生理论分析与实际解决问题能力。可包括：模拟法庭、模拟辩论等。应明确目标，加强周密计划与组织实施，才能达到良好效果。需提高教师实务经验，才能更有效引导学生理论、实践，以及刑法思维、语言等训练。

开放式教学法，即不仅局限于课堂教学中，还包括教学主体、环境、方式方法、就业等方面，这是供给侧改革的时代要求。教学主体不只局限于师生间，可引进实务部门人员，如法官、检察官、公安机关人员、律师事务所、法律仲裁机构、行政机关人员到校内授课、讲座等，以提升实践性，与社会需求侧对接。环境不仅局限在课堂上，可在课堂前、中、后，课外、校内外、国内外，与第二课堂、学生社会实践三下乡、普法宣传、法律援助等结合，也可到有关实务部门旁听、见习、实习。就业不仅局限于公、检、法，也可以选择到企事业单位中，任职法律顾问、法务人员，到学校任教等。开放还可体现在不仅局限于刑法中，可与其他学科部门法之间实现有效渗透。

订单式教学，即根据各级各类不同社会需求侧部门、单位，进行针对性人才教学、培养。由于刑法属于法学其中之一学科，因此也具有法学教学共性，故也遵循法学教学一般方式方法。订单式教学意为解决供需不匹配或过剩问题，使人才能更顺利就业，达到供需均衡。

订单式教学中，需根据不同需求侧单位人才需求标准，明确不同教学目的，制定不同或共通教学目标、大纲，编写对应教材及扩展性资料，确定各自考核、评价办法，检验实施效果等，故非常复杂，繁琐。由于法学职业共同体构建中，刑法在内的法学基本学科在本科教学阶段仍存在共通性，故订单式教学更适用于本科阶段完成后的法学职业培训中，但订单式教学无疑给我们提供了一种新视角，可进一步探讨。

法律诊所式教学，即学生模拟或真实为处于生活困境而又迫切需要法律援助的人提供法律咨询，“诊断”其法律问题，开出“处方”。以此促进学生对法律理论的深入理解。其优点在于培养法学学生的职业技能和职业道德意识，特别是律师职业技能，以实现法学理论与实践统一。课堂教学围绕案件，采取提问、讨论、模拟、反馈等方式，在互动交流中，让学生自己获得事实和法律上认识和判断。能锻炼学生运用所学解决实践问题能力，提高语言表达、组织协调、临场应变、与他人合作能力等。

4. 课程考核更科学化

基础理论知识考核同时，可建立与完善：实践能力、综合素养考核标准与评价体系。题型可与司法考试结合，加大主观论述、案例分析题比重，侧重职业道德、刑法思维、品质、信仰、综合素质、人文素养、特殊实践技能考核。以增强人才核心竞争力、科研与社会服务能力。成绩最终评定可提高平时成绩比重，平时成绩注重综合学生课前、中、后、校内外表现，综合评定。制定与完善可操作性的创新、复合、应用型人才评价依据与标准。

5. 加强师资队伍建设

(1)进一步优化教学队伍整体结构，不断提升教师学历、社会阅历、实务能力。通过与实务部门互相交换挂职，或其他实践以提升自身实务水平，同时积累教学经验，提升学术与教学水平、自身综合素养。以独立学院内聘刑法专职教师为主导，同时以独立学院法学其他内聘教师、母体大学法学师资、兼职实务专家为辅，解决专业师资、实验辅助教师、学生配置比例较低问题，为实践教学顺利开展奠定基础。

(2)教师需继续关注教学改革与教学研究最新动态，不断提高实效性，积极探索与改革讲授法、案例法、模拟法庭、情境试验法等，将各种方法精髓贯彻到位，以提升学生法学综合素质。教改与研究中，应与时俱进，增强开放性、可持续性、实效性，注重刑法人才积极性、创造性、主动性培养。

(3)加大教师培养力度。坚持听课与进修制度，鼓励教师多参与学术会议。建立与完善教师的科学评价体制、机制。可将学生、督导、司法实务部门人员、学院有关部门共同纳入，共建评价体系。建立“传、帮、带”校内培养制度，派送教师参加专业培训，使全体教师能不断更新知识结构，提高教学水平。此外，可结合市场需求侧，增强师资培养的战略性、可持续性。

第二节　法学“金课”探索与实践

卓越法律人才教育培养计划实施以来，造就了一批优秀法律人才诞生。但我国高等法学教育仍不能完全适应法治国家、政府、社会建设的新时代要求，尤其是应用型法律人才的实践能力培养仍较弱。淘汰水课，建设法学金课，符合应用型人才培养目标，其能提高法学专业教育质量，也为培养卓越法律人才提供了强有力支撑。以“环境与资源法”金课建设为例，通过分析课程在专业人才培养计划中的位置，课程建设现状与不足，提出了课程的建设目标和建设措施，包括：课程文本体系建设、改进课程的教学方法及手段、考核体系建设等。以点带面，为法学一流本科课程建设奠定良好基础。

新时代全国高校本科教育工作会议，提出了全面振兴中国本科教育的重要途径之一就是课程改革。金课的打造是人才培养的核心要素，通过课程改革，能让学生直接受益，也最有成效。

近年来，各学科领域掀起了金课建设的热潮，分别围绕大学生创新创业教育类课程、思政课程、财务管理类课程、建筑工程课程、高等数学课程、大学英语课程、行政管理课程、医学、生物学课程、计算机课程等进行了金课建设探讨。

有的学者则从宏观金课建设提出了建议，例如：吴岩高屋建瓴提出金课建设不仅是理念，更需完善行动方案、计划以及采取建设措施。① 李志义提出应从低阶到高阶、灌输到对话、封闭到开放，转变教学理念和原则，改革教学内容、方法、评价等方面，打造金课。② 杨勇、林旭提出人工智能可为金课建设提供技术支持，从多维空间助力课程建设。③ 冀宏、王继元、张根华论述了应用型人才培养中的金课建设标准、理论依据、实践路径，为产教融合应用型人才培养提供了较好借鉴。④

随着卓越法律人才教育培养计划提出，已有部分法学教学研究成果，例如：杜启顺认为目前法学教学的应用与实践性仍不足，难以凸显普通层次与高端应用型法律人才在授课方式等方面的差异，故应借鉴国外和其他学科的教学经验，立足自有特色，与法律职业资格考试对接，注重社会需求，探索实习司法助理制，以实现卓越法治人才培养目标。⑤ 卢臻、覃淮宇认为当前高校法治教育中，为提高学生学习兴趣与积极性，以及提升学生法律素养和将法律运用于实践的能力，可开展自主式探究学习，以学生为中心，侧重对学生的引导。期间，教师也需及时更新自己的观念，不断创新，不断开拓探索，学习新知识并搜集各类有关信

---

① 吴岩．建设中国“金课”[J]．中国大学教学，2018(12)：4-5.

② 李志义．“水课”与“金课”之我见[J]．中国大学教学，2018(12)：24.

③ 杨勇，林旭．“人工智能+教育”视域下职业教育“金课”建设[J]．中国职业技术教育，2019(23)：69-70.

④ 冀宏，王继元，张根华．行业课程的理论逻辑与建设路径——兼论应用型人才培养“金课”建设[J]．高等工程教育研究，2019(4)：188.

⑤ 杜启顺．我国法律硕士培养模式优化研究——以卓越法治人才教育培养计划2.0及衔接法考改革为视角[J]．南宁师范大学学报(哲学社会科学版)，2019(5)：175.

息，构筑新的评价指标与方式方法，将定性与定量评估结合。①

综上所述，现有成果已为我们的研究奠定了较好基础，但关于法学的金课探讨仍较少，提高法学课程教学质量也迫在眉睫，因此以“环境与资源法”金课建设为例，淘汰法学水课，推行法学金课，是非常必要的。

一、课程在专业人才培养计划中的位置

环境与资源法在专业课程体系中属于法学专业一级独立学科，属于法学核心专业基础课。课程对实现法学专业人才培养目标起关键作用，此课程能帮助学生掌握环境与资源法学的基本理论和知识，能提高处理相关案件的基本技能，课程一般安排在大三上半学期，使学生掌握了一定民法、刑法、经济法、行政法等基础课程理论后，进一步提升综合素质能力运用的课程，同时也为后续课程学习奠定基础。本课程分为两个部分，涵摄面包括：环境法、资源法，共 48 学时，理论与实践都非常重要。

自党的十八大以来，以习近平总书记为代表的国家领导层已高度重视生态文明建设，目前初步完成了我国生态环保领域的顶层框架设计，同时出台了一系列污染防治法律法规，例如：大气、水、土壤、固体废物等污染防治法已陆续出台，近年来也对《环境保护法》进行了及时修订，在我国《刑法》中降低了环境类犯罪的入罪门槛，启动了中央环保督察，各类生态法律与制度正不断出台。

环境与资源直接关系民众生存、健康，其为国家经济发展、社会安定、民族团结奠定基础，可见打造该金课课程，符合时代与民众需求，具有重大理论和现实意义。

二、课程建设现状与不足

环境与资源法作为一门理论性与实践性都很强的课程，其教学既要注重基础理论的教授，又要注重对学生创新创业精神和实践能力的培养。课程教学的任务是指导学生将所学的环境与资源法理论和法律规范运用于具体案件之中，对学生进行实践技能和科学研究方法的训练，巩固其在课堂上所学的理论知识，加深对

---

① 卢臻，覃淮宇．高校法治教育的有效路径：自主式探究学习法[J]．广西师范学院学报(哲学社会科学版)，2018(6)：161-162.

基本概念、基本原理的理解，促使学生运用相关理论处理实务问题，掌握从事法律工作的基本技能，并培养学生科学严谨、求真务实的工作作风。课程建设虽有一定基础，但仍存在一系列不足：

(1)双创教育、课程思政融入到专业教育中不够。未能有效拓展创新、创业教育与学生专业素质培养有机融合渠道，也未能找到课程思政融入法学专业课程中的方式方法。专业职业技能教育实效不佳，学生难以熟练掌握分析相关案件和处理纠纷的基本技能。

(2)教学目标的定位不够清晰。法学专业应更注重协调就业和学生专业素质的关系，而做出正确的教学目标。如今，大三结束的学生就能参加国家法律职业资格考试，考试对学生很重要，大部分学生承担着应试教育的压力，刚入学就想着国家法律职业资格考试，较少有培养自身素质能力的想法，与应用型人才培养目标还有一段差距，故需要引导学生同时关注专业素质培养。

(3)实践教学相对薄弱

课程实践环节多通过热点案件讨论来完成，实践教学随机安排，实践教学方式方法和手段单一，形式仍不够丰富，且较传统不够创新，互动不够，难以提高学生学习兴趣。①

校内的模拟法庭实训室可以提供模拟审判、音像电教以及学术讨论等功能，但统筹规划不强，利用率不高。

校外的实习、实训基地有基层法院、检察院、律师事务所等，能为本专业的课程见习和实训提供一些实践机会，但管理、评价、考核体系不够完善。

课内外实践教学环节也未能很好地衔接、融合。某些实务部门工作与课程教学进度不协调，各种资源不能很好整合，难以达到预期效果。②

(4)课程考核与评价体系不够科学

近年来，段考采用口试形式取得一定成效，但课程总评仍采用传统的期末笔试与平时考勤作为依据，最终的结果多与课程学分有关，而与专业能力培养的联

---

① 柴国生．依法治国视域下法治人才培养机制的优化路径——评《法学本科实践教学教程》[J]．中国教育学刊，2019(3)：140.

② 杨泽伟．新中国国际法学70年：历程、贡献与发展方向[J]．中国法学，2019(5)：178.

系不够密切，难以全面地对学生学习效果进行客观评价。①

三、课程的建设目标和建设措施

（一）建设目标

根据国家金课“两性一度”的标准，建设“环境与资源法”金课。注重高阶性，将知识、能力、素质有机融合，培养学生解决环境与资源法复杂问题的综合能力和高级法学思维，实现应用型人才目标。注重创新性、挑战度，保证课程内容的前沿性、时代性、过程的互动性、探究性、结果的个性化。重点创新推广实践教学环节，着重学生能力的培养。课程要达到如下建设目标：

精准定位，明确课程教学目标：以应用型人才培养为基础，既重知识，也重思想引领、能力、素养，加强学生法律事务综合能力、法学高级思维能力的培养。构建规范的课程文本体系。采用科学可行的课程教学方法与手段。建设公平合理的课程考核体系。

（二）建设措施

根据课程的建设目标形成与应用型人才培养相匹配的三个方面建设：

1. 课程的文本体系建设，并付诸行动

包括：完善课程教学大纲，进度表，教案，教学过程设计、课件、考核方案、第二课堂各类活动的辅助方案、课程资源与数据库，包括案例库、试题、习题集、实践教学参考书与指导书等。

课程的教学大纲：理论、实践教学大纲兼备。重构课程内容，剖析重点知识，解决疑难问题。既有一般理论知识讲解，也有专题实训磨炼。例如：教学重点包括：环境法的主要制度、环境法治、环境侵权与环境民事责任；大气、水、噪声污染防治法；生物、非生物资源保护法；国际环境责任和国际环境法实施等。教学难点、专题实训包括：如何运用环境法主要制度分析具体案件；环境法治过程中民事、行政、刑事责任承担方式方法、区别和联系；环境侵权如何认

① 刘海芳．我国法学教育模式的创新研究——评《法学专业实践教学的理论与创新》[J]．高教探索，2019(9)：145.

定、环境民事责任如何构成、免责事由如何运用；大气、水、噪声污染等如何认定；国际环境责任如何认定等。

教学过程设计：采用互动、实践教学模式。具体包括：真实典型案件、国家法律职业资格考试真题引出知识点、争议点、兴趣点，为正式进行理论知识讲解做好铺垫。基本理论、基础知识讲解，理清脉络。强化法条理解和运用。对导入的案例进行讨论与辩论，锻炼学生思辨能力。拓展案件探讨，开阔学生视野；易混淆情形辨析，进一步明辨是非曲直。国家法律职业资格考试真题巩固训练。法律诊所、模拟法庭、法律援助、普法活动、社会实践调查报告等实践环节穿插课内外，进一步促进理论的实际运用。①

挖掘出双创教学素材、课程思政的教学素材，将双创教育、课程思政融入法学课程的文本体系建设中，并予以实施。例如：教学目标中的德育目标是使学生将环境与资源法理念深入心中与自觉行动中，以便更好贯彻落实可持续发展战略、科学发展观与生态文明建设。坚持以马克思主义、毛泽东思想为指导，通过角色扮演、法律诊所、法律援助、社会调查报告等，让学生体验工作过程，思想政治教育与法学教育融会贯通。

课程思政的内容可包括：师德风范、正确的政治导向、国家大政方针、专业伦理、职业行为规范、学习伦理、为人处世技能、社会主义核心价值观；原则包括实事求是、创新思维、突出重点、注重实际效果；要求包括：知识灌输与能力渗透结合、理论引导与实践运用结合、历史经验与现实情形结合、共性发展与个性培养结合、正面鼓励与纪律约束结合等。

2. 改进课程的教学方法及手段

包括各种教学方法的灵活运用：讲授法、启发式教学法、研讨式教学法、案例探讨式教学法、任务驱动法、小组讨论与当事人辩论、翻转课堂、项目式教学、情境体验式教学，例如：法律诊所与模拟法庭等。改进教学方式与方法，形成层次丰富多彩、形式多种多样、以学生为中心的多元课程教学方式方法体系。② 遵循“活动—实践—体悟—经验沉淀”逻辑过程，让学生真正参与教学活

① 张璐．环境法学的法学消减与增进[J]．法学评论，2019(1)：148.

② 苏德，张静．改革开放40年中国民族高等教育人才培养的发展历程及成就[J]．广西师范学院学报(哲学社会科学版)，2018(6)：7-8.

动，让知识内化为学生的技能。

与双创融合，通过数字媒体新技术、新手段实现创新性。例如：打造网上教学平台，开展混合式教学，此类教学平台集慕课及精品课特色的建设优势，更好进行互动教学、资源和数据的管理、教学成果与特色展示、教学管理规范与评估等。到各类实务单位调研，了解实务单位需求，根据供需双方实际情况，搭建校企合作高效平台。与公、检、法、市政府法制办、企业、社区等建立长效联系机制，共同开发与完善课程，开展法律援助、法律咨询等活动。

3. 课程的考核体系建设

包括：课堂讨论、辩论环节的评价、作业、测验的分数量化、经典文献阅读后的观后感、课程小论文的评分、调研报告的各环节测评、期末考试的评分体系等。加强对学生学习的过程考核，适当提升考核的难度，给学生合理增负。

拟采用“笔试+实践问题分析及其研究能力测试”的“综合测试法”：实践课活动参与情况和平时表现，与期考笔试分数各占50%。注重理论与实践、期末与平时表现结合的测试与考核方式。完善相关考核、评价标准，设计综合实践活动，包括学生、教师、实务单位的评价表等。

4. 构建交互式教学新关系，营造良好氛围，促进学生自主、个性化学习。包括：虚实交互，可涵盖课前、中、后、线上线下、校内外；过程与结果交互，体现在课程评价、考核中；多元交互，体现在师生间、学生间、教师间、师徒间。通过这些途径，为课程的进一步改革、完善提供延伸空间。

第三节　法学一流课程建设

以“经济法概论”课程为例，探索线上线下混合式一流本科课程建设。

一、课程目标

所在高校办学定位为应用型本科高校。专业人才培养定位是应用型法学高素质人才，本专业培养要求是培养适应社会主义市场经济与法治建设需要，德、智、体、美全面发展，系统掌握法学各学科的基本理论、基本知识和主要法律法规，有较强的处理法律事务的能力，具有创新精神和实践能力，能在立法机关、行政机关、司法机关以及法律服务机构从事法律工作的应用型法律人才。学生情况包括法学本科和专升本两个层次，注重学生法律知识与实践技能的培养。

学习本课程后应该达到的知识、能力水平：

(1)掌握重点知识：经济法的体系、基本原则、经济法主体、经济管理主体、企业种类、公司法、国有企业法律法规、反不正当竞争法、反垄断法、消费者权益保护法、产品质量法、价格法、会计法、审计法、税法等。

(2)有处理经济法问题争议、相关案件的综合实践能力，具体包括：能运用经济法主要法律法规和规章制度分析具体案件；理解经济法基本原则；能分辨经济法主体、经济管理主体类别；掌握各类企业、公司成立、分立、合并等法定条件；熟练掌握不正当竞争表现形式以及制裁规定；了解垄断的种类，理解并熟悉反垄断法规；掌握消费者合法权益种类、经营者法定义务、产品质量法中生产者、经营者、销售者等产品责任承担方式；掌握价格法、会计法、审计法、税法内容，并熟练解决相关争议。

二、课程建设及应用情况

(一)本课程的建设发展历程

本课程在2010级法学本科专业已经开设，已历经10余年。在专业课程体系中属于法学专业一级独立学科，属于法学核心专业基础课。课程对实现法学专业人才培养目标起关键作用，此课程能帮助学生掌握经济法学的基本理论和知识，能提高处理相关案件的基本技能，课程一般安排在大二上半学期，使学生掌握了一定民法、刑法、行政法等基础课程理论后，进一步提升综合素质能力运用的课程，同时也为后续课程学习奠定基础。共68课时，理论与实践都非常重要。

党的十九大报告提出，我国经济已由高速增长阶段转向高质量发展阶段。这是根据国际国内环境变化做出的重大判断。加快完善社会主义市场经济体制，实现产权有效激励、要素自由流动、价格反应灵活、竞争公平有序、企业优胜劣汰。

最近召开的党的十九届五中全会提出了2035年基本实现社会主义现代化远景目标，其中首要目标就是：我国经济实力将大幅跃升，建成现代化经济体系，其中，经济法起重要规范、保障作用。

随着广西自贸区建设，“一带一路”合作倡议提出，实践中的企业不正当竞争、侵犯消费者合法权益、产品质量、价格等问题不断出现，急需经济法规制，也是习主席推进全面依法治国的要求。可见该课一流课程建设，符合时代与民众需求，具有重大意义。

(二)课程与教学改革要解决的重点问题

如何将思想道德教育融入课程教学、考核、评价的全过程中，让学生树立科学的经济法价值观。科学设置课程，根据应用型本科高校学生需求，以及广西地区、区域、民族、东南亚国家现实需要进行课程内容设计，以解决不断增长的经济法实践问题，使培养的法治人才更好满足地区、区域、民族、涉外等案件需要。

增加实务类、交叉课程内容。以提高学生阅历，丰富实践经验与知识体系，以便更好地处理综合类经济法治问题。完善实践教学体系，充分搭建政、校、企、行业协同育人平台。实践教学方式、方法、手段应多样化，需与时俱进。互联网、多媒体、人工智能等科学技术需深入运用到课程教育中。①

(三)课程内容与资源建设及应用情况

培养计划中设置课程实践环节，比如 68 总课时，其中实践、实验占 28 课时。多通过热点案件讨论来完成，实践教学随机安排，形式需更丰富。已在超星学习通平台建立了课程相关拓展内容，有知识链接、学术研究、热点讨论等资源。

校内的模拟法庭实训室可以提供模拟审判、音像电教以及学术讨论等功能，但统筹规划不强，利用率不高。经济法实训室待建立与完善。

校外的实习、实训基地有基层法院、检察院、律师事务所等，能为课程见习和实训提供一些实践机会，但管理、评价、考核体系待进一步规范。

目前教学团队中的教师具有高级职称、中级职称，博士、硕士研究生比例合

① 孙长永，闫召华．法学专业线上一流课程的实践探索与思考——以西南政法大学“刑事诉讼法学”MOOC 为例[J]．中国大学教学，2021(4)：21.

理，同时也有实务单位人员也加入了教学团队中，大家分工明确、配合默契，有丰富的教学改革和课程改革的理论积淀与实务经验，为本课程改革的顺利进行奠定了良好基础。

（四）课程教学内容及组织实施情况

教学重点包括：经济法概念、内涵、基本原则、企业法、国有企业法律法规、反不正当竞争法、反垄断法、消费者权益保护法、产品质量法、价格法、会计和审计法、税法等。

教学难点包括：如何运用经济法律法规分析具体案件；企业成立、分立、合并等条件；现代企业制度内涵、不正当竞争种类、责任承担方式、反垄断法内容、如何运用反垄断法维护企业、行业协会、公众、国家利益；消费者合法权益种类、经营者应尽义务种类、如何维护消费者合法权益；如何用产品质量法规制生产者、经营者、销售者等行为；违反价格法行为表现、国家定价、指导价、市场调节价的区别和联系；会计与审计法内容；如何运用税法制裁偷税、漏税、抗税等不法行为、税收征管制度等。

根据培养计划的要求制定了该门课程的授课计划，分配了理论与实训课时，能引导学生参与课堂互动，让学生学会了一些观察、分析、解决问题的方法，已初步搭建互联网教学平台。每年都有一定数量的实习生、见习生到各大律师事务所处理经济类案件，能成功留在各类企事业单位、国家司法机关就业，用人单位对学生的表现评价高，学生的理论素养和实务技能有一定提高，师生评教反馈良好。每年师生都积极参加互联网+、创新创业项目申报，获得立项，并取得校级、区级等奖项，与各类企事业单位建立了良好关系，签订了共建协议，为实践教学的顺利开展奠定了较好基础。

但仍有一些不足：思想道德教育引领应加强，以避免有的学生经济法价值观出现偏差。课程设置较传统，专门根据民办高校学生需求以及广西地区、区域、民族、东南亚国家现实需要进行课程内容设计，近年来违反经济法问题不断增多，培养的法治人才需满足地区、区域、民族、涉外等案件需要。①

① 郭天武，严林雅．法学一流学科建设及其人才培养模式探析[J]．高教探索，2018（12）：17.

实务类、交叉课程内容也应扩充。社会阅历、经验与知识体系不足，导致法律工作者在面对综合类经济实际问题时常常无所适从。因此，除了掌握法学专业课程知识以外，也需了解相关联的经济学、社会学、管理学等知识，并掌握技能。

实践教学体系待完善，政、校、企、行业协同育人平台需充分搭建。实践教学方式、方法、手段单一、滞后，仍以传统讲授、举例为主，互联网、多媒体、人工智能等科学技术运用到课程教育应增强。课程思政元素需纳入考核与评价机制中,① 注重线上线下学习评价。通过本课程建设，能更好提升教学效果，使学生与实务单位、社会各方受益。

（五）改革成效

有理论成果，主要是相关教改论文，并完成了课程建设成果报告。也有实践成果，主要是完成了与应用型人才培养目标相匹配的课程文本体系、教学体系、考核体系建设。包括：完善应用型人才培养方案，制订新的法学专业人才培养计划，进一步明确课程建设目标。完善了课程教学大纲、教辅材料、教案、课件、考核评价标准、电子资源、微视频等。建立了线上线下混合式课程，对在线课程资源进行了整合、重构、设计。在原有良好的课程实效基础上，一流课程教学改革将进一步深入及巩固，收集并整理出更丰富的课程特色资源，包括相关网络资源链接，例如：论文、网站、前沿和热点问题讨论等。

三、课程特色与创新

明确课程教学的定位目标，以应用型人才培养为基础，既重知识，也重思想引领、能力、素养，加强学生法律事务综合能力、法学高级思维能力的培养。课程育人目标：面向国家经济领域发展需求，培养具有良好道德与修养，遵守法律法规，具有创新意识和实践能力的高素质复合型人才。掌握经济法扎实的专业知识，具备经济法专业技能和专业综合应用能力，具有深度分析、勇于质疑、敢于创新的精神与能力。

---

① 李瀚琰．应用型高校法学课程思政教育教学实现路径——以《婚姻家庭继承法学》为例[J]．豫章师范学院学报，2021(1)：71-72.

将双创教育、课程思政融入课程中。例如：教学目标中的德育目标是使学生将经济法理念深入心中与自觉行动中，以便更好树立社会主义核心价值观，更好规范企业经济行为，维护消费者合法权益，维持市场良好经济秩序。

理念方面，主要包括：课程的设计理念，即多元智能的学生观、能力本位的质量观、过程导向的课程观、行动导向的教学观、校企合作的课程开发观。教学理念，即关注课程思政、关注学生的进步和发展、关注教学实效、关注可测性和量化、关注教学反思。学习理念，即自主学习、全面学习、创新学习、终身学习。

课程的教学大纲中，理论、实践教学大纲兼备。重构课程内容，围绕重点，解决难点。挖掘特色课程内容，例如：西方经济学、国际经贸法。与相关学科融合，例如经济学、金融学、管理学。

教学设计上，采用互动、实践教学模式。层次丰富、形式多样，以学生为中心，遵循“活动—亲历—体会—经验”逻辑过程，学生主动参与教学活动，让知识内化为学生的能力。主要包括：案例教学、小组讨论、辩论、翻转课堂、法律诊所、模拟法庭、模拟会见当事人、预算编制与审批、税收征管、企业谈判和调解、法律援助、普法活动、社会实践调查报告、企业管理与公司法律实训、涉外法务调查、非诉法律案件文书写作等实践环节，学以致用。

与第二课堂活动结合，积极组织和参加广西区内外、国内外、国际相关比赛，例如：经济法律文书大赛、法条大赛、东盟经贸法律服务优秀人才选拔赛等。线上线下课程内容科学分工衔接，保证基础理论知识与拓展技能有效融合，线上线下教学进度保持一致。

通过数字媒体新技术、新手段实现创新性，增强课程内容前沿性和时代性、教学形式先进性和互动性、学习探究性和个性化，例如：继续打造网上教学平台，利用超星学习通软件、雨课堂、直播等，开展混合式教学。在线互动包括：充分利用网络平台及时发布课程说明、任务和有关通知；及时答疑解惑，积极组织师生进行线上线下讨论等；各章节、期末测试、作业分配合理，能有效实施在线检测。

与公安局、检察院、法院、律师事务所、市政府法制办、企业、社区等建立长效联系机制，共同开发完善课程，开展法律援助、法律咨询等活动。例如：师生积极参与自贸区政府经济立法咨询、项目调研；与发改委、税务局、工商局、质监局、银监局、价监局等经济管理部门及金融机构，会计、审计师事务所等单位，加强交流与合作。

第五章　内力引导型法学本科专业教师队伍建设

随着广西少数民族地区建设深入、东盟自贸区发展、广西北部湾区位优势深化，应用型本科高校法学专业教师队伍建设显得尤为重要，其中以广西的独立学院为例，如果独立学院的法学本科专业教师队伍建设一直依赖外界的力量，甚至一味照搬一本、二本的模式，那么终究会危机四伏。因此，内力引导型法学本科专业教师队伍建设是适应国家、地区、全社会发展形势的需要的。应用型高校自身已有的法学本科专业教师团队只有突出自身特色、特长，并结合国家、地区、全社会发展形势需要，发掘自身核心竞争力，才能保证活力。通过独立学院的内力引导型法学本科专业教师队伍建设相关问题探讨，以期更好推进整个卓越法学教师队伍建设，也为推进法治中国建设而助力。

第一节　内力引导型法学本科专业教师队伍建设基于的理论依据与意义

一、法学本科专业教师的职责与专业发展需要

教师是立教之本、兴教之源，承担着让每个学生健康成长的重任，同时也肩负科学研究与社会服务的重任。而法学教师更肩负着培育未来法律工作者的重大责任。

中国共产党十八届三中全会推进法治中国建设的具体内容中提道："深化司法体制改革，加快建设公正高效权威的社会主义司法制度，维护人民权益，让人民群众在每一个司法案件中都感受到公平正义。""建立符合职业特点的司法人员

管理制度，健全法官、检察官、人民警察统一招录、有序交流、逐级遴选机制。”

法官、检察官、人民警察等法律工作者的工作直接关系着人们合法权益的维护，也关系着法律制裁的最终救济途径能否有效实现，同时还代表着社会主义司法制度能否实现公平正义。高校的法学教师则担任了培养这些法律工作者的重任，法学教师的专业素养也直接影响着实务法律工作者的综合素质。

而随着当今社会的发展，靠教师个人的单独力量实现这一目标是远远不够的，只有组建一支团结向上且强有力的法学本科专业教师队伍，方能实现这一宏伟目标。而只有团队的力量强大之后，个体的法学本科专业教师才能更好地实现自我的专业发展目标，使教师从“生存关注”“任务关注”到“自我更新关注”阶段，使应用型高校自身已有法学本科专业教师队伍成为学院中流砥柱的力量。采用内力引导型模式，让教师对学院有归属感，从而实现教学相长，让教师整体与个体之间相互依存，形成有效融合的良性循环。

二、学院可持续发展以及具备竞争优势的需要

目前的法学本科专业教师队伍主要由一本、二本、独立学院等组成，而正在蓬勃兴起的独立学院，正承担着比例越来越大的法学本科专业培养人才的职责，但由于独立学院成立时间较短，因此各方面较多依靠母体本部高校的资源，独立学院仍然处于成长探索阶段。

在独立学院的发展之初，主要依靠、借鉴母体本部资源组建法学本科专业教师队伍的模式，有优势也有不足。优势在于能直接获得母体本部高校系统的优质师资为独立学院所用，避免了很多弯路，但不足在于如果长期过度依赖母体本部高校已有的师资，那么独立学院内部的法学本科专业教师队伍建设仍然薄弱，难以实现独立培养法学本科人才、科学研究和社会服务的职责，也难以凸显独立学院的应用型本科特色办学，以及其吸引力、竞争力，长此以往，还有可能影响独立学院的生存基础。

因此，对于包括独立学院在内的应用型本科高校而言，需渐渐由“外主内辅”模式转变为“内主外辅”模式，即由主要依赖母体高校本部或校外的法学本科专业师资的“外力推动型”模式转变为培育、发展、完善应用型本科高校自身已有法学本科专业师资队伍的“内力引导型”模式，使学院中年轻化的法学本科专

业教师队伍尽快得以科学组建、成长、壮大。其中，面临着很多机遇与挑战，只有抓住机遇，迎接挑战，才能使独立学院真正实现独立，才能使应用型本科高校得以实现可持续发展，并具竞争优势。

三、适应国家、地区、全社会发展形势的需要

在深入贯彻党的十八大和十八届二中、三中全会精神，落实《国务院关于加强教师队伍建设的意见》《广西壮族自治区党委政府关于加快改革创新全面振兴教育的决定》《广西壮族自治区人民政府关于加强教师队伍建设的意见》的精神，进一步加强应用型本科高校法学专业教师队伍建设也尤为关键。

例如，《国务院关于加强教师队伍建设的意见》的重点任务中提道："高等学校教师队伍建设要以中青年教师和创新团队为重点，优化中青年教师成长发展、脱颖而出的制度环境，培育跨学科、跨领域的科研与教学相结合的创新团队；民族地区教师队伍建设要以提高政治素质和业务能力为重点，加强教师培养培训，加快培养一批边疆民族地区紧缺教师人才。"

《广西壮族自治区党委政府关于加快改革创新全面振兴教育的决定》的总体目标中也提出："实现教师队伍整体水平明显提升、高等教育特色化办学水平明显提升。""建成国家民族教育示范区和面向东盟的教育国际交流与合作高地。""引导高等学校特色发展""积极推动我区产业发展急需的应用型本科院校建设。""大力促进民办教育发展。"

《广西壮族自治区人民政府关于加强教师队伍建设的意见》的指导思想中提出："全面提升教师队伍管理水平和专业素养，为我区教育改革发展提供强有力支撑。""依法保障民办学校教师在业务培训等方面享有与公办学校教师同等权利。"

针对广西少数民族地区特点、东盟自贸区的发展、广西北部湾区位优势、独立学院特色，在新时期转型发展背景下应用型本科高校内力引导型法学本科专业教师队伍建设中，仍面临诸多问题和挑战。因为社会在不断变化与发展中，法学理论与实践都在与时俱进，法条也在不断修改与完善中，如果应用型本科高校法学专业教师队伍建设不关注时政变化，那么法学教师教育出的法律工作者则会难以适应社会的需要。

例如：基层法官的专业理论知识薄弱、落后而导致的审判困难，社会公平、正义也难以实现。又如：由于应用型本科高校法学专业教师队伍没关注周边形势发展，没有相应知识的储备与传授，当律师在涉及东盟地区、少数民族地区的案件时，则会陷入无从下手的尴尬境地。

如果应用型本科高校法学专业教师队伍建设一直依赖外界的力量，以外界力量为主，甚至一味照搬重点院校的模式，没有自身内力引导型的顺应应用型本科高校设立的初衷，那么终究也会被淘汰。因此，应用型本科高校内力引导型法学专业教师队伍建设也是适应国家、地区、全社会发展形势的需要。

应用型本科高校自身已有的法学本科专业教师团队只有突出自身的特色、特长，即与一流一本、二本不同的优势领域，并结合国家、各地区、全社会发展形势的需要，发掘自身核心竞争力，才能保证活力。通过“内力引导型法学本科专业教师队伍建设”，以期更好推进整个卓越法学教师队伍建设，也为推进法治中国建设而助力。

第二节　内力引导型法学本科专业教师队伍建设研究现状分析

目前，围绕应用型本科高校内力引导型法学专业教师队伍建设为主题的研究不多，以独立学院为例的研究更少。国内外的研究者大多围绕独立学院的宏观性问题进行了一些探讨，例如独立学院的战略发展问题，学院应定位为研究型大学，笼统地提出了独立学院应该构建教师队伍建设与注重教师专业发展，有的强调了一些独立学院教师队伍建设中涉及的某一类问题，例如：教师队伍建设中的科研动机研究、建立特色专业、专业建设问题、教材问题、双师型教师的构建问题、管理人才的培养模式。还有的则就独立学院的学生人才培养模式、如何对学生进行培养等进行了探讨。

在涉及独立学院专业教师队伍建设方面，大部分研究者都强调了独立学院的特殊性，即独立法人、独立财务、独立教学管理系统、董事会领导下的院长负责制。由于独立学院成立兴起时间较短，故存在教师年龄偏低、人员流动性强、缺乏师资、办学成本高、社会筹资困难而导致资金不足等后果，故必须依托母体高校本部的各种资源，包括教师队伍也应是以母体高校本部派到独立学院上课的教师为主，独立学院自身聘请的教师为辅。

同时，强调在当前形势下，独立学院仍要加大引进外部教师的力度，尤其是学科带头人与学术骨干型教师，并且要重点抓高层次人才队伍和中青年骨干教师队伍建设。有的笼统地提出独立学院中，为了提高整体教学质量，则规定只有外聘的副高级职称以上的教师才能上专业基础课与核心课程，而在独立学院内聘的教师中，副高级职称以下的教师则只能做辅助准备工作，例如必须承担辅导员或班主任的工作。

综上，目前较缺乏对于独立学院在内的应用型本科高校法学专业教师队伍建设的专项的、更系统性的研究，而对于内力引导型法学本科专业教师队伍建设研究则更少，大部分研究者目前只是简单地强调靠母体高校本部的教师队伍推动独立学院的教师队伍建设，属于“外力推动型”，而非“内力引导型”。

在新时期应用型本科高校法学专业教师队伍建设研究中，以广西若干独立学院为例，学院中的法学专业教师队伍建设仍然采取的是“外力推动型”的模式，虽然在教师队伍建设中取得了一定的成效，但仍面临诸多问题和挑战，以下则以广西独立学院法学专业为例，对当前的独立学院法学本科专业教师队伍建设，进行具体的研究现状分析，以求发现问题，及时解决问题。

一、法学本科专业教师队伍自身状况问题分析

(一)师资年龄结构方面

国内外的统计数据表明，人类的创造期的最佳年龄区在25~45岁，而贡献最大的年龄是33岁左右。目前，独立学院的法学本科专业教师队伍中，独立学院内聘的法学本科专业教师、少量独立学院内聘的具有法学学历或学位背景的行政人员大多在28~32岁，而来自母体学校本部的外聘教师年龄在27~50岁，独立学院单独聘请的外界从事法律实务工作的人员年龄在30~55岁，年龄跨越较大，年纪较轻的教师拥有教学与科研的活力与热情，但由于太过年轻而缺乏教学与科研、实践的丰富经验。年纪较大的教师虽然不如年轻教师充满旺盛的精力，但在教学积淀、科研探索、实务工作中发挥了重要作用。

(二)师资数量与职责方面

独立学院现有法学师资中，由于独立学院的特点是依托本部校区的师资，因此，只有大约四分之一法学专业教师属于独立学院内聘教师。现有专任教师与在校学生总数比例能基本满足教学需求。但存在的问题是内聘法学专业教师上课门数过多，一年承担4~6门专业基础必修课，如果遇到有教师休长假、外出长期学习进修、女教师休产假等因素影响，有些内聘教师则需承担更多的课程，减少了独立学院内聘法学教师的科研、外出培训、实践等活动的时间，使教师深陷不断准备新课教学中，易产生压力与疲惫感。

(三)师资学历结构方面

独立学院聘请的内外部法学专任教师中，有博士学位的约占专任教师总数的11%，硕士学位的约占专任教师总数的78%，学士学位的约占专任教师总数的11%，具有研究生学历的约占专任教师总数的94%。但如果只计算独立学院自身法学教师的相关比例则较低，因为在独立学院中，一部分法学专业课由具备法学学历的内聘行政人员承担，而有些行政人员虽然法学专业毕业，但不一定有博士、硕士学位，能上法学专业课的一般要求具备研究生学历即可。由于主要从事行政工作，因此白天需忙于繁杂的行政事务，只能晚上或相对空余时间才能上课，对于法学教学质量有一定影响。

(四)师资职称结构方面

独立学院聘请的内外部法学专任教师中，有正高级职称的约占专任教师总数的33%，副高级职称的约占专任教师总数的33%，讲师约占专任教师总数的22%，助教约占专任教师总数的12%。虽然师资职称情况符合具有副高级以上职称的比例≥30%的要求，但存在的问题是独立学院内聘的法学专业教师职称较低，基本上无副高级以上职称或比例较小。独立学院外聘法学教师中实务派的教师由于大多属于律师事务所的律师，很难与学校的职称评定挂钩，因此，只能依靠独立学院自身专职法学教师参评副高职称。

(五)师资专业结构方面

这是指教师队伍中不同专业教师的学科构成状况。目前随着社会的发展，复合型人才逐渐成为急需人才，且学科的发展呈现多元融合化趋势，因此，在专业教师队伍建设过程中，需注重师资专业结构方面的打造。目前独立学院内聘的法学专职教师、来自母体学校本部的外聘教师都是法学专业毕业，但具体研究方向不同，他们虽然有良好的专业背景，但由于上完课就离开学校，故与学生课下面对面接触机会不是很多。少量独立学院内聘的具有法学学历或学位背景的行政人员中，有的是法学专业毕业，有些属于法学大类方向，有些则属于其他社科类专业，因此对法学的知识掌握有些不深入，但他们由于坐班，故与学生联系较多，授课时能用更多学生相关案件进行教学。而独立学院单独聘请的外界从事法律实务工作的人员中，有的是法学专业毕业，有的是中途改行，自学法律专业通过国家资格考试获得法律从业资格，他们有很丰富的实践经验，但理论素养较薄弱些。

(六)师资学缘结构方面

这是指教师队伍中内部毕业生来源情况，即教师毕业院校的比例。目前独立学院法学教师一般以广西本土教师为主，来自广西的各个地区，同时，也有外省的教师，且外省教师的比例呈上升趋势，这有利于避免近亲繁殖、论资排辈不良症状出现，目前，独立学院师资学缘结构方面还是较科学合理的。

(七)师资管理方面

独立学院法学教师一般来自几个方面：内聘的专职教师、来自母体学校本部的外聘教师、独立学院单独聘请的外界从事法律实务工作的人员、少量独立学院内聘的具有法学学历或学位背景的行政人员，他们兼具行政工作与教师工作的职责。

由于来源广泛，地域的距离因素、职责分工的差异、工作时间的不一致，因此难以进行统一、有序管理。例如：独立学院行政人员一般要求白天坐班，而内聘的专职教师不用坐班，完成教学任务后可自由离校。而外聘的教师由于白天可能在外从事法律实务或在本部上课，故只有晚上到独立学院进行教学等活动。

师资管理显得分散，缺乏系统有序性，互相交流沟通较少，难以整合各方力量对独立学院法学教师进行有效培养。此外，由于独立学院内聘法学教师的工资、隐形福利等较一本、二本高等学校的低一些，稳定性也稍欠缺，因此容易导致独立学院内聘法学教师外流，不利于师资管理与培养的长期系统性。

二、法学本科专业教师队伍建设与所在学院的办学特色性结合不够紧密，难以提升竞争力

随着中国-东盟博览会落户南宁，以及广西北部湾经济开发区规划的通过，广西应用型本科高校也处于东盟自贸区、广西北部湾区域、广西少数民族地区、国家西部大开发区的大环境中，且有的应用型本科高校，例如：独立学院的灵活自主的办学特色，能给予广西应用型本科高校法学教师更有特色的培养培训。

广西应用型本科高校的法学教师要想在全国其他省份中脱颖而出，增强自身同一流本科法学教师的竞争力，则必须依靠自身特色取胜。但目前虽然广西各独立学院已经确定了自身总体的办学方向与特色，但对于各专业内聘教师的培养培训方向与学院的办学方向与特色结合不够紧密，特别是法学内聘教师在这方面仍然欠缺，这会影响今后应用型本科高校构建内力引导型法学本科专业教师队伍建设。

究其原因，一是法学专业培养目标中，固有的认为将人才培养成通过司法考试、公务员考试的，成为国内法律实务的工作者即算达标，没有与时俱进的确定法律国际化培养道路。二是法学专业在广西某些应用型本科高校中，只属于学生人数较少的专业，当初的设立只是考虑到综合大学的学科完整性，学院在重点建设人数庞大的专业时，忽略了法学专业。三是某些广西独立学院的建立时间尚短，一切还处于前期摸索阶段，因此初期只能模仿、借鉴原有母体高校的法学教师培养培训制度、机制，尚未理顺如何与独立学院的办学特色相结合。

因此，在落实《国务院关于加强教师队伍建设的意见》中提道：加强高等学校高层次创新型人才队伍建设。落实和扩大学校办学自主权，支持鼓励教师和校长在实践中大胆探索创新”显得内力不足。

三、法学本科专业教师队伍建设中的培养培训对象、内容、方法、评价方面还需进一步完善

培训是培养的重要环节，而培养是系统化、长期的过程。法学教师的培养培训是法学教师队伍建设的重要环节，培养培训的目的之一就是让法学教师离开了原来毕业的高校后，能继续接受与职业有关的技能学习与训练，实现教师自身素养的提升。培养培训的顺利、科学开展，某种程度上也决定着法学教师在实际工作过程中，能更正确运用专业知识进行教学、科研、实践等，以便法学教师进一步适应和胜任工作。

终身接受培养与职业培训，对于法学教师而言是非常必要的。因为社会在不断变化与发展，法学理论与实践都在与时俱进，法条也在不断修改与完善过程中，如果没有持续健全的职业培训，法学教师则难以教育出合格的法律工作者。目前，在新时期广西应用型本科高校法学教师的培养培训进程中，已经取得了一定的成效，但仍面临诸多问题和挑战。

（一）培养培训的对象

从独立学院法学教师的师资构成中，可以看出其培养培训对象来源多元化。目前，来自母体学校本部的外聘法学教师在学校本部接受统一、系统化的培养培训。独立学院内聘的法学专职教师则接受独立学院的人事处、教务处、院系部的培养培训。独立学院单独聘请的外界从事法律实务工作的人员中，有的接受独立学院外部其他单位的培养培训，有的则属于自我培养为主。① 少量独立学院内聘的具有法学学历或学位背景的行政人员，主要接受独立学院党团委、人事、学工等部门培养培训。因此，广西应用型本科高校法学教师的培养培训对象显得较分散、复杂。

（二）培养培训的内容

高校是未来法律工作者的培养基地，而法律工作是非常注重思维与实务性

---

① 王禄生．对本土制度语境下法官职业化的回顾、反思与展望——以三十年法院人事制度改革为分析样本[J]．四川大学学报(哲学社会科学版)，2010(2)：130.

的，因此，对于培育未来法律工作者的法学教师培养培训的内容，更需注重理性思维与实务锻炼，但目前应用型本科高校的各类法学教师的培养培训内容侧重点不一。

以广西独立学院为例，来自母体学校本部的外聘法学教师在学校本部较注重法学专业素养知识与科研能力的培养培训。独立学院内聘的法学专职教师由于大多只需硕士研究生即可担任，故年龄较小，教学经验不足，更多地接受了独立学院教学技巧的培养培训，科研、实务能力的培养培训则较欠缺。

独立学院单独聘请的外界从事法律实务工作的人员中，有的接受独立学院外部其他单位的培养培训，培训内容较单一，培训质量较低；有的只能依靠自身在实务中总结经验，缺乏与时俱进的系统理论的培养培训。

少量独立学院内聘的具有法学学历或学位背景的行政人员更多接受行政工作方法的培养培训，对于法学专业知识的再巩固、学习、提升则较欠缺，有的只能靠自觉。

应用型本科高校各类法学教师的培养培训内容可能出现重叠或遗漏，不利于培养培训的效率提升。随着国家各项改革的深入，其中也涉及司法人员、公务员改革，法学专业毕业生走到工作岗位中，实际从事的工作可能会与预期出现偏差，容易出现懈怠、退缩的心理，面对各种压力难以疏导，而应用型本科高校各类法学教师培养培训内容，基本欠缺如何应对需求、工作、社会、单位、人际、家庭压力等内容。一些法学教师自身在面临这些压力时，主要靠自我调节，有些也无法解决，那么培育出的法律工作者则更难应对压力与挑战。

（三）培养培训的方法

目前国家、地方提出培养培训的方法有：以中青年法学教师为主，培育跨学科、跨领域的科研与教学相结合的创新团队；建立高等学校与地方政府、中小学、幼儿园、职业学校联合培养教师的新机制，发挥好行业企业在培养双师型教师中的作用；采取顶岗置换研修、校本研修、远程培训等多种模式。

具体落实到应用型本科高校中，例如独立学院法学教师培养培训方法的运用过程中，仍存在一些问题。来自母体学校本部的外聘教师由于有本部高校的统一管理，故基本能有效运用国家提出的培养培训方法。独立学院内聘的法学专职教师由于人数少，故本身难以建立力量强大的团队，如果采取顶岗置换研修或长期外出访学、实践，可能导致内聘法学教师教学人员不足。

内聘法学教师由于大多直接从刚毕业的高校硕士毕业生中选拔，其缺乏社会工作实践经验，与行业企业的联系较少，双师型教师基本为零。由于内聘法学教师需承担的专业基础必修课门数较多，平均每周课时较多，故无暇进行细致分层分类培训。目前大多采取远程培训，参与独立学院人事部、教务部统一组织的全院教职工培训会议，由于是缺乏具体分专业的会议，故只能对全体教师遇到的棘手问题进行解决，而缺乏法学的专业针对性。

有时偶尔邀请法学名家开设讲座，或轮流派内聘法学教师参加国内法学交流会。这些会议时间一般持续几小时至几天不等，由于时间、经费、设施等诸多方面的限制，培养培训流于形式，未起到更深层的作用。独立学院单独聘请的外界从事法律实务工作的人员，则基本只能享受双师型教师的培养培训方法，而其他方法较少运用。

(四)培养培训的评价

目前，培养培训的评价方式有：实行五年一周期不少于360学时的教师全员培训制度，推行教师培训学分认证制度；建立培训机构资质认证制度、培训学分管理制度；把教师支教轮教走教经历作为教师职务晋升、岗位聘任、评优评先的重要依据。

但从目前应用型本科高校法学教师培养培训评价来看，这些制度落实还存在一些困难。例如：教师全员培训制度实施过程中，可能因为独立学院法学教师来源的分散性、不同的地域性而难以操作、落实。独立学院的内聘法学专职教师，与少量内聘的具有法学学历或学位背景的，承担法学专业课的行政人员，一般通过广西专业技术人员网络培训，通过在线学习，达到一定学时，从而获得培训结业证，或参与学院外的短期培训班、会议等获得培训认证。

这些培训都是自选内容，不一定是法学专业有关的培训内容，有的培训成绩好坏还未与法学教师实质晋升、福利等挂钩，故一些培训学分管理制度缺乏一定约束力，会削弱法学教师参与培训的热情。而培训学分认证制度、培训机构资质认证制度、培训学分管理制等，还缺乏具体的实施细则，因此，在广西某些独立学院法学教师培养培训评价中难以操作。

第三节　如何进行内力引导型法学本科专业教师队伍建设

综上所述，如果应用型本科高校，特别是独立学院，若还是坚持过去的主要依赖母体高校本部法学本科专业师资的“外力推动型”模式，则面临如上种种问题。因此，要使应用型本科高校得以实现长远稳定发展，并具竞争优势，解决一系列的困境，则需转变为培育、发展、完善应用型本科高校自身的，法学本科专业师资队伍的“内力引导型”模式，才能抓住机遇，迎接挑战，赢得主动权。

一、整合、盘活应用型本科高校中已有法学专业教师资源，为实现内力引导型模式奠定基础

以独立学院为例，鉴于广西独立学院法学教师一般来自内聘的专职教师、母体学校本部的外聘教师、独立学院单独聘请的外界从事法律实务工作的人员、少量独立学院内聘的具有法学学历或学位背景的行政人员。这些人员已经足够充实独立学院的法学教师人员，但在任用为法学教师上专业课时，必须至少是硕士研究生学历，与独立学院的人事招聘条件结合，这样才能从源头上保证法学教师的质量。

目前内聘的具有法学学历或学位背景的行政人员中，只有小部分教师承担了法学课程，因此，如果让符合条件的更多法学行政人员适当分担一些课程，每周因为要同时完成行政工作，故每周不能超过6节法学课程教学，这样就能减轻独立学院内聘法学专业课教师的上课压力。保持内聘法学教师每年能较固定的承担几门专业基础必修课，这也符合提升职称的需求，因为评副高级、正高级职称很讲究专业的深入性，可以使内聘法学教师有更充分时间投入科研、外出培训、实践等活动，更快成长为独立学院自身的学科带头人与骨干教师。同时，具有法学学历或学位背景的行政人员，通过不间断的法学专业提升，也会帮助其重拾回专业内容，不至于因为做了行政事务就放弃了专业，还能提高独立学院本身的副高级以上职称的教师人数，从独立学院内部师资培养方面的长远角度来看，是节约成本的。因为内聘的学院教师如能得到长期、系统的培养培训，其归属学院的心

理更强，从而形成教师、教育工作人员与独立学院持续的良性互动。

母体学校本部的外聘教师、独立学院单独聘请的外界从事法律实务工作的人员，也可继续作为后备师资，支援独立学院法学教师队伍。这样就渐渐过渡到以独立学院内聘法学教师为主，外界外聘法学教师为辅的模式。这样也便于进行统一、有序管理。例如：有的独立学院会与母体学校协商，每周定半天的时间，在此时间段，保证不排课，也不需做行政工作，用于各类法学教师的交流，统一思想，总结经验，一起讨论问题的解决办法，也能开展统一的培养培训等。这样可以解决因为独立学院法学教师单打独斗，单个力量薄弱的问题，只有团结起来，才能使个人的力量更强，从而也使学院整体师资素质也上一个新台阶。

各级政府要切实保障教师培养培训等经费需求。各级财政要把教师培训经费列入财政预算，高校按照不同层次和规模，安排教师培训经费，加强经费监管。逐步减少独立学院同一本、二本高等学校的工资、隐形福利差异，同时也探讨独立学院外聘法学教师中实务派的教师，与独立学院的职称评定挂钩方法，以保证独立学院内外聘法学教师的工作稳定性，也会促使教师主动提升自身学历、职称。鼓励内聘青年教师读博，鼓励其积极申报优秀骨干教师，鼓励青年教师在社会服务、技术创新等领域取得成果，为实现内力引导型模式奠定基础。

二、法学本科专业教师队伍建设需与所在学院的办学特色更紧密结合，以巩固内力引导型模式的构建

广西应用型本科高校位于广西各地区，有的在东盟博览会的永久会址地南宁，有的在北部湾经济开发区，有的在少数民族聚居区，有的位于国边境区，有的处于贫困山区，有的位于世界风景名胜区。这些地域特色也同时酝酿了很多机遇，应用型本科高校法学教师队伍的建设更应抓住机遇，挖掘更多独具特色的，顺应所在高校办学特色的教师队伍建设路径。

例如：广西某些独立学院位于东盟开发区，具有以经济为主的应用型本科办学特色，主打经济类专业人才与实践性人才培养，已有各类东盟语种专业开设，对于学生，有在国外留学一年的专业学习经历，那么对于内聘法学教师而言，就应多加强经济类法学实践教学和科研能力，也应多关注如何将东盟语种与法学专业培养培训结合，可适当准备东盟国家同中国发生冲突的法学案例或专业知识，

加强内聘法学教师在国际商贸规则、东盟有关国家的法律法规，尤其是投资、商贸性法律法规和政策方面。

以东盟国家法律法规为主要方向，加强国际法、民商法、经济法、英语、泰语，或其他东盟国家语种相关知识与实践的储备，以适应社会的需要。在给内聘法学教师的课程分配上，也可结合法学各内聘教师研究方向，与社会的需要结合、协调。在法学专业培养目标中，确定法律国际化培养道路。

应用型本科高校应一视同仁重视人数较少的法学专业。目前独立学院的建设已经驶入平稳阶段，因此，也有时间在原有模仿、借鉴母体高校的法学教师队伍建设上，思考如何与所在学院的办学特色相结合，以巩固内力引导型模式的构建。

三、法学本科专业教师队伍建设需进一步完善教师的培养培训内容、方法、评价，以增强内力引导型模式的实效

(一)创新培养培训的内容

应用型本科高校各类法学教师的培养培训内容侧重点应大体做到统一，即以法学、法律工作实务需求为导向，根据社会发展的最新形势，顺应国家改革的步伐，在教师培养培训中，增大政治思想道德与法律结合的内容。

针对实务中面临的各方面压力，例如：需求压力、工作压力、社会压力、单位压力、人际压力、家庭压力等，在教师培养培训中增加心理健康辅导、时间有效管理方面的内容。

同时，不论是独立学院还是其母体学校，都应重视法学教师的法学专业素养知识与科研能力、实务能力、实践教学能力的培养培训。针对独立学院内聘法学专职教师年龄较小，教学经验不足，可增加教学技巧的培养培训。

另外，可结合前述培养培训需与所在学院的办学特色更紧密结合的举措，开展独具地域特点的东盟、少数民族、北部湾开发区、风景名胜区的培养培训内容。

对于独立学院单独聘请的外界从事法律实务工作的自由无单位人员，可选定时间，让其参与独立学院内聘法学教师培养培训，以保证其专业综合素养提升。

独立学院各类法学教师的培养培训内容，需尽可能避免重叠或遗漏，减少与独立学院中其他部门或专业培养培训的内容冲突，以提高效率。

(二)丰富培养培训的方法

在继续做好创新团队、远程培训等多种模式、高等学校中青年教师国内访学、挂职锻炼、社会实践等培养培训的同时，可实施教师分层分类培训法。在解决了上述广西独立学院中，已有法学教师资源重新整合、盘活的基础上，独立学院内聘的法学专职教师就能有时间进行顶岗置换研修，或长期外出访学、实践，参与法学专业性强的培训会议，有利于增加内聘法学教师社会工作实践经验，也有利于双师型教师培养培训。

独立学院单独聘请的外界从事法律实务工作人员，通过与独立学院内聘法学专职教师的交流，也能得到专业知识素养提升。在具体培养培训方法上，由于广西应用型本科高校拥有多方位的资源优势，因此，培养培训可多加强国际间的交流与合作，按照国家有关规定，选派内聘法学教师出国进修，或邀请国外法学专家、和实务工作者来国内进行专题讲座。

同时做好经费、设施方面的保障，涉及邀请国外法学专家与司法实务工作者方面，要与相关主管部门做好对接，明确各自的职责、培训方法、待遇保障，以免影响培养培训效果。也可以尝试在培训中，让法务工作者与独立学院法学内聘教师进行职业角色互换，以体验各自岗位的实务，从而在今后的工作中，能更好的互相理解、配合。

(三)优化培养培训的评价

尽快落实国家、地区提出的培养培训评价法，保证应用型本科高校法学内聘教师有足够的专业知识、科研与实务培训学时。出台培训学分认证制度、培训机构资质认证制度、培训学分管理制等具体实施细则，以增强培养培训评价的可操作性。[①]

将教师支教轮教走教经历、广西专业技术人员网络培训、院外短期培训班、

---

① 张胜．管理型法官的体制性考量[J]．郑州航空工业管理学院学报(社会科学版)，2010(2)：120.

会议等培训认证，作为教师职务晋升、岗位聘任、评优评先的重要依据，使培训学分管理制度发挥约束力，提高法学内聘教师参与培训的热情。

在具体的培养培训评价中，可借鉴我国《法官培训条例》中，法官培训评价的方式，例如：可采取分段培训、累计学时的方式。对各类培养培训对象，制定相应的评价标准、指数、分值等。①

对独立学院内聘的法学专职教师、母体学校本部的外聘教师、独立学院单独聘请的外界从事法律实务工作的人员、独立学院内聘的具有法学学历或学位背景的行政人员，分别制定相应的评价标准、指数、分值等，在分值计算时，可实行兑换制。

严格各类培训合格证书的验证、发放制度。法学教师无正当理由拒不参加培养培训的，所在学院应督促其改正，并视情节轻重给予批评教育，甚至取消晋级资格。对教师培养培训机构的资质与培训质量进行检查评估，评估达不到要求的机构，应限期改正。逾期不改的，应责令其停止培养培训工作。通过这些举措，以期更好推进卓越法学教师队伍建设，也为推进法治中国的建设而助力。

① 李雪菁．法官职业化中的职业培训[J]．法制与经济(中旬)，2014(3)：123-124.

第六章　对外法治人才培养研究

第一节　面向广西自贸区高素质应用型经济法治人才培养体系探索

随着广西自贸区设立与建设，经济领域纠纷与问题不断增多。通过科学定位，完善课程设置、创新创业、实践教学体系，更好搭建协同育人平台，提高新科学技术运用能力，加强中外交流合作，培养面向广西自贸区高素质应用型经济法治人才，更好服务于地区、区域、东南亚等国家经济、社会发展需要，为同类院校法学教学改革提供借鉴。

一、面向广西自贸区高素质应用型经济法治人才培养体系概述

(一)基于的理论依据与现实问题

2020年9月，《中国(广西)自由贸易试验区条例》通过并施行，为推进和保障广西自贸试验区建设和发展提供了法治保障。2020年10月，中国共产党的十九届五中全会上，习近平主席提出十四五时期经济社会发展主要目标，将“经济发展取得新成效”放在首句，同时提出将“实行高水平对外开放，开拓合作共赢新局面，积极参与全球经济治理体系改革”。经济法治无疑是其中重要一环。

2020年11月，《区域全面经济伙伴关系协定》(RCEP)在第四次区域全面经济伙伴关系协定领导人会议上正式签署，东盟10国和中国、日本、韩国、澳大利亚、新西兰等15个国家签署的这项协定将惠及23亿人口，对深化区域经济一

体化、稳定全球经济具有标志性意义。协定也对竞争政策、政府采购、中小企业等行为进行规范，有效维护了经济秩序。中国法学会会长在2020年高等院校调研时强调：以习近平法治思想为指导，推进涉外法治人才培养。

随着广西自贸区设立与建设，经济领域纠纷与问题不断增多，例如：不正当竞争、垄断、侵犯消费者合法权益、假冒伪劣产品、价格欺诈、财务造假、会计舞弊、公司虚假信息、偷逃税收等，急需经济法制规范，也需精通经济法类专业人士。经济法教育教学中也存在一系列问题，例如：重应试轻素养、重理论轻实务、重诉讼轻非讼、重共性轻个性、重国内轻国外、重传统轻特色。因此，唯有培养出更多高素质应用型涉外经济法治人才，才能为自贸区良好态势保驾护航。

(二)学术与应用意义

从学术意义上来说，有助于丰富法治人才培养理论研究，有利于民族地区法治体系乃至我国法治建设与教育理论构建。应用意义上，能发现和解决广西自贸区经济领域法律问题，减少实践失误。能顺应国家法治建设，维护地区、区域、民族聚居区和谐稳定，符合其经济、社会发展需要。能提高法治人才培养质量，增强学生工作能力与社会需求匹配度，帮助学生顺利就业。实现人才培养多样性、特色化，提升院校核心竞争力。

(三)国内外研究现状分析

在国外，高素质法律人才培养一般与世界一流大学建设研究联系在一起。①法国、日本曾启动21世纪全球COE计划(Center of Excellence Project)，要求学生全面了解法律职业各类知识。韩国有21世纪世界一流大学计划。②

为培养高素质法律人才，侧重培养学生法律实践能力，各大法学院有不同教学方式，例如：哈佛大学主要采用判例教学法，进行思辨思维训练，注重培养学

① 张慧，张梦琦．法国创建世界一流大学的战略实践——以索邦大学为例[J]．比较教育研究，2016(6)：22.

② 杨栋梁．日本推行高等教育改革的新举措——《21世纪COE计划》评述[J]．日本学刊，2003(5)：120.

生个人担当能力和社会责任感。① 耶鲁大学通过法律诊所树立学生的法律信仰，侧重对社会问题关注。② 德国主要通过案例研习课，开展实践教学，培养学生创新能力与批判思维，将学术教育与职业教育结合。③ 哥伦比亚大学的讨论班主要采取精英化的培养方式，倡导自由学习，让学生有充分阅读思考与讨论时间，发挥学生创新性，实践机会多。④

国外也非常注重法学教育国际化，例如：研究英国大学法学教育国际化起源和流变，⑤ 阐述国际化趋势与启示，英、美、法、德国通过人才培养目标、课程设置、教学内容及方法调整以培养国际化法律人才。⑥

在国内，围绕层次较高本科院校涉外法律人才培养进行了笼统研究，涉及重要性、人才培养目标、机制、路径、⑦ 教学模式、⑧ 双语技能和国际法课程、教材建设、⑨ 实践能力培养、与卓越法律人才培养、⑩ 职业伦理教育结合论述。

若干围绕“一带一路”法学教育研究，有的限缩在西南民族地区高校，探讨高级法律人才培养，⑪ 与一流法学学科、一流法治人才结合探讨，⑫ 有的侧重少

① 汪习根．美国法学教育的最新改革及其启示——以哈佛大学法学院为样本[J]．法学杂志，2010(1)：33.

② 胡铭．司法竞技、法律诊所与现实主义法学教育——从耶鲁的法律现实主义传统展开[J]．法律科学(西北政法大学学报)，2011(3)：44.

③ 卜元石．德国法学教育中的案例研习课：值得借鉴？如何借鉴？[J]．中德法学论坛，2016(00)：45.

④ 菲利普·G. 阿特巴赫．21 世纪美国高等教育——社会、政治、经济的挑战[M]．北京：中国海洋出版社，2010：4-5.

⑤ 何勤华，齐凯悦．英国大学法学教育国际化的起源及其流变[J]．法制与社会发展，2017(6)：137.

⑥ 聂资鲁．高校国际化法律人才培养模式比较研究[J]．大学教育科学，2015(2)：53.

⑦ 孟祥瑞．财经类法律人才培养的创新路径[J]．山西财经大学学报，2017(S2)：66.

⑧ 杨力．职业主义导向的国际法科人才培养改革[J]．交大法学，2016(3)：5.

⑨ 张法连．新时代背景下涉外法律人才培养机制新探[J]．中国法学教育研究，2018(1)：57.

⑩ 单莹．情境教学与卓越法律人才培养[J]．黑龙江高教研究，2017(2)：137.

⑪ 彭振．“一带一路”背景下高级法律人才培养模式研究——以西南民族地区高校为视角[J]．法制与经济，2017(5)：47.

⑫ 李亚，窦衍瑞．“一带一路”背景下高层次法治人才培养创新[J]．经济研究参考，2018(8)：68.

数民族地区法学教育论述,① 贯穿在涉外法治人才国际化培养模式中,② 分类研究。③ 少数东盟法学教育研究，包括课程教学改革、复合型法律人才培养模式、④ 诉讼解决机制法律人才探索，偶有提到高职高专等应用型高校。

广西自贸区法律人才培养中，鲜有培养体系创新,⑤ 基本围绕中国-东盟自贸区广西高校人才培养论述，专门围绕法律人才培养研究较少，其他专业较多，例如：国贸、旅游、物流管理、商务英语、国际商务等。自贸区经济法研究更少，一般围绕自贸区负面清单制度、⑥ 我国地方反垄断执法机理等零星探讨。⑦ 应用型经济法治人才培养，有少量研究单方面围绕课程资源建设、师资、实践教学方法、与实务单位联合培养机制阐述。⑧

综上，高素质法律人才培养探讨是国内外研究普遍关注的，虽对涉外法律人才培养研究有一定基础，但专门面向广西自贸区经济领域探讨的仍不多，仅在个别民族或师范高校研究中偶有涉及，且较少结合广西应用型本科高校讨论，只是对涉外法律人才培养进行宏观论述，近期研究偶尔在“一带一路—东盟”法学教育中附带提及，专项研究较少，已有研究不够系统、全面、深入。随着自贸区建设加快，新科学技术手段普及，经济领域法律问题不断增多，急需高素质应用型经济法治人才,⑨ 因此，地方高校应抓住契机，立足片区，走特色之路，才能在

---

① 吐火加，陈宝贵．“一带一路”视阈下少数民族地区法学教育问题研究[J]．国家教育行政学院学报，2017(4)：57.

② 杜承铭，柯静嘉．论涉外法治人才国际化培养模式之创新[J]．现代大学教育，2017(1)：85.

③ 付子堂．习近平总书记全面依法治国新理念新思想新战略：发展脉络、核心要义和时代意义[J]．中国法学，2019(6)：105.

④ 何立荣．广西高校法学课程设置探究——以涉东盟法律人才培养为背景[J]．广西警官高等专科学校学报，2013(1)：62.

⑤ 史强．中国-东盟自贸区法律人才培养模式的创新[J]．法制与社会，2019(12)：195.

⑥ 管金平．中国市场准入法律制度的演进趋势与改革走向——基于自贸区负面清单制度的研究[J]．法商研究，2017(6)：50.

⑦ 陈兵．我国地方反垄断执法的机理——从上海自贸区先行先试的视角[J]．法学，2017(10)：115.

⑧ 殷继国．卓越法律人才培养模式下经济法实践教学改革研究[J]．吉林省教育学院学报，2016(1)：113.

⑨ 孟庆瑜，李汶卓．地方高校涉外法治人才培养的目标定位与实现机制——基于我国自贸试验区建设的人才需求分析[J]．河北法学，2021(8)：67.

全国激烈高校竞争中找到适合自己的康庄之路。

需明确广西自贸区三大片区功能定位。进行有关经济法律纠纷类别分析及法条收集梳理整合，主要包括：各类经济法主体，如企业、公司；经济管理主体，如中央和地方各级政府及其所属的具有经济职能的部门或机构。经济合同、市场规制法，如反不正当竞争法、反垄断法、产品质量法、消费者权益保护法、价格法、会计法、审计法。税法、金融法、经济仲裁与经济诉讼、国际经济法、中国(广西)自由贸易试验区条例、地方性法规和部委规章文件等。对面向广西自贸区高素质应用型经济法治人才培养体系进行界定、释义，对其内涵、外延深入探讨。

本研究不同于笼统一流院校涉外法律人才培养，而是立足广西自贸区，围绕经济领域法律纠纷，探讨面向广西自贸区高素质应用型经济法治人才培养体系构建。广西应用型本科高校可立足广西、面向“一带一路”，根据广西自贸区位特点、东南亚等国家、经济领域需要，通过人才培养体系更全面且深层次的构建，而不是现有研究的单一探讨，以培养具有国际视野的高素质财经法治人才。唯有立足所在地，结合自身特点与优势，科学定位，培养特色法治人才，才能在激烈高校竞争中常胜。研究方法主要采用：个案法，以若干广西应用型本科高校为例，以系统论为引领，结合多学科多种实证研究法，能更客观、辩证地分析问题。

二、经济法治人才培养现实问题

思想道德教育引领不够，经济法学课程思政体系构建不完善，涉外职业伦理教育待深入。法律职业道德待提升，德、法、情、理，国内外法制关系待肃清。经济法学所依托的法学专业定位模糊，特色不鲜明，有的盲目定位、参数单一、目标过高、定位趋同，不利于错位发展、凸显优势。自贸区涉及多国政治、经济、文化、民族，而经济法学课程体系设置单一，实务类、特色、交叉课程较少，与其他学科、专业融合度不够高，未能充分拓展领域，构筑完整体系。

现有经济法治人才难以满足地区、区域、自贸区需要，供求失衡。对外经济法治人才培养不足，自贸区经济非诉法律人才紧缺。除“一带一路”、东盟，其他跨国、边境经济法律问题不断增加，既懂得相关知识也会技能者少。经济法学与外语、外国实务技能教育融合仍不足够，与外国法学院校、实务单位跨文化交流与合作较少。

创新创业、实践教学体系不完善，政、校、企、行业协同育人平台未能充分搭建。包括：实践教学方式、方法、手段单一、滞后；实践基地数量不够，种类不够丰富；设备与设施不齐；双师、熟悉自贸区经济法律的教师仍不足。师生考核与评价标准与机制不完善。跨境电商的经济领域法律纠纷增多，而互联网、多媒体、人工智能等科学技术运用到经济法学教育不足。

其中的重点问题有：广西自贸区经济领域法律纠纷类别分析；肃清法治人才培养现实问题；思想道德教育融入经济法学课程体系方式方法；改革经济法课程体系；与东南亚等国家法学院校、相关学科专业共同探索符合自贸区需求的高素质经济法治人才培养方式；创新产学研合作实践平台。难点问题有：广西自贸区经济法律法规收集、梳理、整合、完善；互联网、多媒体、人工智能等科学技术与经济法学教育有机融合路径；师生如何切实提升广西自贸区经济法律知识及技能，以顺应现实需要。

三、面向广西自贸区高素质应用型经济法治人才培养体系构建路径

针对上述现实问题，具体构建路径有：创新思想道德教育融入经济法学课程体系方式方法，从教学目标、大纲、内容、教学方法、手段、实践、评价等渗透，培养家国情怀及国际视野。① 适时调整培养计划，根据高校所在地的区位、学生、投资合办方特点、实务单位需求，科学定位、分层培养。

课程改革中，立足广西地区、区域、民族、自贸区经济所需，完善课程设置。增设创新创业、实务类课程，例如：企业管理与公司法律实训、涉外法务调查，培养学生起草意向书、开展风险评估，提高学生的业务技能。② 开发特色课程，例如：东盟国家法律制度、英国、泰国、越南经济法律、文化概况、东南亚语言课、西方经济学、自贸区法治研究等。相关学科合理进行交叉，例如：经济

① 武建鑫，罗云．哲学社会科学领域中国特色一流学科的发展逻辑——以中国人民大学法学学科为例[J]．湖北社会科学，2021(4)：146.

② 黄文艺．论习近平法治思想中的法治工作队伍建设理论[J]．法学，2021(3)：3.

学、金融学、管理学、食品科学等与法学交叉。做好专业课程开发，例如：国际经贸法、法律英语、食品安全法等。

自贸区经济法律知识与技能兼备，通过合作办学联合培养、学术会议、讲座、论坛、科研校际交流、实习实训、国际赛事及志愿活动，加强与外国院校及组织交流合作。做好产教融合，创新产、学、研合作平台，政、校、企、行业协同育人，师生参与自贸区政府经济立法咨询、项目调研等，更好了解实务所需，企业行业为师生提供实践场所，实践场所不仅局限于传统公、检、法单位，还可拓展到发改委、税务、金融管理、工商、商务等政府部门、会计、审计师事务所。

完善创新创业、实践教学体系。人才培养方案、教材、教学方式方法多样化。例如：见习、法律咨询、专题或疑案辩论、模拟法庭或仲裁庭、社会实践调查、法律诊所等。实践项目包括：会见当事人、谈判和调解、模拟宏观调控决策过程、预算编制与审批、税收征管。开展好第二课堂活动，不断提升师资素养，完善考核与评价体系，打造示范基地，与工商、质检、银监局、价监局等经济管理部门、金融机构共建实践场所。①

提高互联网、多媒体、新兴科技运用能力。线上教学平台多样化，例如：雨课堂、慕课、仿真实验、网络训练。安装会计教学软件，体验法律事务会计证据获取、调查、司法鉴定等，完善监管机制。

第二节　中国-东盟国际合作背景下广西高校刑法学实践性教学面临的机遇与挑战

随着中国-东盟国际合作不断向纵深推进，广西高校在法学人才培养方面面临着与时俱进的时代机遇。实践性教学在刑法学课程的教学中具有重要价值，但我区高校的刑法学课程教学定位、方法等方面存在许多不足，尤其是针对新环境的需求，没有做出必要的实践性回应。为此，认清广西高校刑法学实践性教学面临的诸多困境，通过找准课程定位、完善实践教学环境、加强师资队伍建设以及

---

① 姚莉．习近平法治思想的创新价值与法学“三大体系”建设[J]．法商研究，2021(2)：15.

创新实践教学评价体系等手段，不失为应对问题的一种思路。

一、中国-东盟国际合作背景下的刑法课程教学机遇

随着国家西部大开发战略的稳步推进，中国-东盟自贸区的建成，广西北部湾经济区建设进程深化，“一带一路”合作发展理念付诸实施，广西面临着前所未有的发展机遇。在这样的背景下，广西全区教育工作会议提出了广西教育工作要“建成面向东盟的教育国际交流与合作高地和国家民族教育示范区”，包括全区高校在内的各学科都面临着改革的迫切需求，广西教育教学改革面临着难得的发展机遇。

近年来，法学教育的规模不断扩张，法学专业在飞速发展同时，也存在一些问题，例如：法学专业学生的实践技能不高，特别是法学专业中核心课程实践教学仍存在若干不足，因此影响了学生的实践应用能力培养与提高。

刑法课程作为教育部全国高等学校法学教学指导委员会所开列的高等学校本科法学专业的十六门核心课程之一，是法学专业学生的专业必修课。刑法学内容丰富，体系庞大，且我国刑法经过连续多年数次修订，新的知识层出不穷，带来了刑法学实务的复杂性不断提升。

尤其是对广西高校而言，如何精准把握刑法学理论、如何根据最新原理，结合我区所处的特殊地缘优势，深入研讨中国-东盟自贸区环境下国家之间、地区之间关于刑法学科教学与科研的各自特色和优势，利用国际交流和经验创新开展刑法学课程实践教学非常必要。

最近几年，国家对提高实用技能的高等教育非常重视，作为法学核心课程的刑法学也需明确发展定位目标，强化实践教学，与广西各高校办学特色、地域优势等紧密结合，针对区域刑事司法合作等具体问题展开教学和研发，才能迎接挑战、抓住发展机遇。

二、传统刑法学课程教学方法面临的挑战

作为对中国-东盟国际合作新常态的回应，我区不少高校对传统的刑法课程教学方法改革进行了有益尝试。例如，有的高校通过对法学专业的培养目标、课程设置等进行论证，确立了实践教学作为刑法课程所依托基本定位，即充分利用

高校位于中国-东盟自贸区核心区域的地域优势及本校已经形成的相关专业优势，立足广西、背靠西南华南、面向东南亚，培养适应区域经济和社会发展需要，具备实践能力与创新精神的应用型人才。将高校办成在地区、东南亚有一定影响的特色鲜明、区域领先的应用技术型本科院校。

有的高职院校根据自身性质确定了刑法学人才培养的侧重点：技术应用型人才。例如：针对传统本科较侧重学生的理论基础知识，而对学生的实践技能提高有所忽略，导致学生不懂实务操作而只知书本理论的问题，高职高专及独立院校则更侧重学生的技能应用性，很多此类高校正努力创造条件进行改革，达到知行的有效结合。

有的高校则面临刑法课程教学中一系列劣势，例如资金欠缺、师资力量薄弱等，因此克服困难、通过多种途径改善教学条件，努力为提高学生实践能力搭建有效平台。例如：在刑法学课堂实践教学中设置实践或实验性学时，严格规定教师按实践教学授课；根据教学大纲的基本要求，由主讲教师积极探讨刑法课程实践教学规律，结合新形势不断深化实践教学内容和教学方法改革，编写了具有特色的教学大纲，组织和引导学生阅读相关原著经典内容和拓展知识内容，以实现教师课堂讲授与学生课前后自学相结合，以提高学生学习的自主创新性。

有的围绕刑法学，开设了证据学、犯罪学等辅助课程，结合模拟法庭活动开展，使刑法学的实践教学在软件与硬件方面奠定了一定基础；有的则努力实现校内课堂教学与校内外实践基地教育相结合，法律咨询中将讲授、讲座与法律服务相结合，集中和分散实习实训相结合；有的则通过开展学术专题报告、演讲赛、辩论赛、社会调查、抢答赛等激发学生学习兴趣，让学生能掌握刑法学精髓并学以致用。

然而，虽然整体上我区刑法课程教学改革取得一定成效，但教学中的实践性不足仍然是顽固问题，其具体表现出如下特征：

（一）欠缺结合中国-东盟国际合作新特点、新需求进行定位

某些高校仍然坚持传统的刑法课程实践教学定位，未能结合中国-东盟国际合作的新环境进行定位，导致实践教学中教学内容、手段等陈旧、不合时宜，难以与现实需求紧密结合，难以适应不断变化发展的时代形势。有的高校缺乏对刑

法课程实践教学赖以依附的高校办学科学定位，导致了这些高校总体发展过程中缺乏核心竞争力，甚至面临生存危机，直接影响了刑法实践教学的顺利开展。

（二）资源受限性与现实的矛盾

刑法实践教学的开展以一定资源作为基础，包括实验室建设、实训基地建设、师资、校外司法机关协助等。有的高校因成立时间较短，因此在外界影响力与资源获得机会方面难以与历史悠久的高校相提并论；有的高校寒暑假刑法课程实习实训完全依靠学生或指导老师及校外司法机关人员自筹经费；有的实践教学基地与实验室刚兴建起来，有的则仍缺乏，因此在设施设备完整配置上、实际利用率等方面仍存在不足。有的实践资源则无法适应中国-东盟国际合作频繁交流、互通有无的现实需要，例如：中国-东盟跨国互联网络障碍，实践教学开展所需的涉外性资料、材料、设备等欠缺。

（三）理论与实务能力兼备的教师不足

目前的刑法课程实践教学的一部分教师具备实务资格和能力，但仍有一部分教师没有通过司法考试，有的虽然取得实务资格证，但未真正从事刑法实践活动。一些新进教师以青年教师为主，虽然工作精力旺盛且具有较大发展潜能，但大部分一直在高校接受高学历教育，从未接受实务部门锻炼，或者只是短期体验司法机关工作，因此，其缺乏自身实践经验的积累与实践能力的养成，进而导致其在开展刑法课程实践教学中存在与现实脱节或有心无力的情形。随着中国-东盟国家间交流日益频繁，中国-东盟刑法实践中所需的法律规定、法律实施、法律适用等方面，均对传授知识的教师与实务工作者提出了更高的要求，但涉外刑法实践人员非常缺乏。

（四）实践教学评价体系仍不完善

例如：有的高校通过模拟法庭的形式开展刑法学实践教学，对刑事案件开庭审理前的准备工作、审理中、后期案件进展进行实践训练，要求学生在完成实训任务后，根据实训的情况写出实训报告。有的高校的实习学生采取分散实习形式，即依靠自觉性寻求实习单位进行实习，因实习部门与单位不同，且分散在不同地区或东盟国家，以及实习过程的复杂性与特殊性，因此，较难做到质量监管与切实评价，各单位实习学生评价标准也存在不统一性。①

有的高校学生到实务部门进行实习、见习过程中，由于实务部门或单位指导实训的人员缺乏理论与教学技能，各东南亚国家也存在刑法实践教学自身评价规则，其指导实训学生的理论与实务能力也参差不齐，因此，对学生的实务工作能力培养与提高仍不足，有的甚至直接将学生当廉价劳动力使用而已，故导致学生专业实践效果与质量大打折扣。

三、广西高校刑法学实践性教学走出困境的几点设想

(一)找准定位，提升核心竞争力

当前，培养法学专业人才的高校层出不穷，其中培养刑法实践能力的高校院系也相继出现，各高校院系均各具特色与自身优势，因此，我区高校只有结合中国-东盟新常态进行自身所长与优势定位，才能在高手如云的激烈竞争中立于不败之地，才能为刑法实践教学顺利开展奠定稳定基础。例如：广西高校可根据自身地理位置的独特性进行定位，即根据国家《推动共建丝绸之路经济带和21世纪海上丝绸之路的愿景与行动》中确定广西的定位是：21世纪海上丝绸之路与丝绸之路经济带有机衔接的重要门户，因此可结合中国-东盟国际合作中，对刑法方向法律人才进行实践教学培养目标、课程设置等进行改进，开发中国-东盟、东南亚刑法理论与实践系列课程，使培养出的学生更好服务与促进区域社会经济发展，为中国-东盟自贸区、区内外从事与东盟相关业务的企事业单位更高效服务。

(二)完善法学教育的基础环境建设

继续加强实验室建设、实训基地建设，做好校内与校外司法机关教学与实务的协调。② 创设有利政策、措施确保各类高校的资源获得机会实现平等性，各类高校间应加强资源的互联、互助、共通、共享性，实现资源的高效利用。有关部

① 杨瑞军．实践教学评价体系的研究[J]．机械管理开发，2010(4)：158.

② 刘远．关注刑法解释的司法逻辑——兼及刑法教学如何适应司法实践[J]．国家检察官学院学报，2012(3)：111.

门、单位应加大对实践教学的基础环境建设的物质和资金投入，不断完善各类设备和设施，提高实验室或实训基地的使用率，从而为实践教学顺利、持续开展奠定基础。

在有关部门的支持下，可进行刑法学课程实践性资源建设与开发，与律师事务所、法院、检察院等单位签订实习实训基地合同，确保了实践教学的可持续性与责任落实，全面适应中国-东盟合作需要。例如：刑法总论、刑法分论、外国刑法等课程实践教学课件、资料、材料等制作与完善,① 利用微博、微信、QQ、电子邮件等对学生进行个性化实践教学指导。通过这一系列实践性基础环境建设，为学生的法律意识、理念提高和实际动手能力增强提供保障。

(三)加强师资队伍建设

校内外实践教学的教师或实务人员应努力提升自身专业理论与实务能力，争取获得职业资格证，努力将理论运用于实务工作中，再从实务工作中总结经验教训，从而更好提升理论水平，也能让自己更有能力指导学生进行专业实践活动。

此外，可聘请校外实务专家作为兼职者，与校内专业教师取长补短、密切交流，共同探讨实践教学过程中的课程设置、教学方式、教学方法、教学内容等改革方案，形成各取所需、优势互补的长效协调机制。

校内教师与校外实务部门人员进行换岗体验，即在一定时期内，将实务工作者引进校内进行授课或举办讲座、学术报告会，开展法律诊所、模拟法庭等活动，让学生领略到实践活动的复杂与多变性，从而为职业生涯确定与深造拥有更深刻的认识与切身体验。而校内教师通过到实务部门进行真刀实枪的磨炼，更能提高自身的实务处理能力，从而对学生的实践指导会更得心应手。

应积极顺应中国-东盟国际合作新需要，努力提升教师与实务工作者的涉外刑法实践知识与技能水平，主动学习中国-东盟有关刑事法律规定，积极投入涉外法律实务中。

(四)创新实践教学评价体系建设

努力做好我国与东盟等国的实践教学评价规则有机衔接、协调，对东南亚国

① 刘文燕．案例教学法在刑法教学中的运用[J]．教育探索，2014(12)：56-57.

家中指导实训的学生的理论与实务能力做好识别、鉴定，尽快研发出相对统一的、可操作性强的中外结合评价体系，提升顺应时势需要的实践教学效果与质量。

例如，对于分散实习、见习的学生，可由实习、见习部门或单位，根据学生实习、见习过程的表现给予客观评分，同时，校内指导实习、见习的教师应随时与相关实习、见习部门或单位保持联系，及时掌握实习、见习学生实践情况，形成每天、每周、每月的报告、总结等，结合实务部门人员的评价从而给予最终评价。

压缩刑法学课程讲授学时，提高实验学时，适当延长实习、见习、实训时间，让实践教学开展有充足的时间与监管评价保证。努力研制出客观评价实践教学效果的评价标准，消除评价标准不统一的情形。各评价机构和人员配置应努力做到结构合理、职责明确、奖惩分明，联动配合，及时做好实践活动进展的反馈与改进。

第三节　基于学生能力导向的国际商法课程实验教学改革

我国加入世界贸易组织(WTO)以来，世界经济格局已发生了重大变化。我国经济参与对外贸易的频率不断增多，因此面临的国际经济贸易争端也逐年增加，国际商法知识的教学与运用已成为外经贸人从事外经贸工作的必备重要武器。以国际经济与贸易、法学等专业相融合之课程国际商法为例，主要围绕基于学生能力导向的实验教学改革的背景及意义、现状和存在问题、实验教学如何改革等问题展开论述，期望通过相关实验教学改革，为实现现代大学教育理念，培养涉外法治卓越、创新型人才，实现中华民族伟大复兴的中国梦，提供坚实的人才保障。

一、基于学生能力导向的实验教学改革的背景及意义

《国家中长期教育改革与发展规划纲要》提出，优先发展、育人为本、改革创新、促进公平、提高质量的教育改革发展工作方针。高等教育要“着力培养信念执着、品德优良、知识丰富、本领过硬的高素质专门人才和拔尖创新人才”。而2010年广西壮族自治区教育工作会议提出了教育工作的奋斗目标：建成面向

东盟的教育国际交流与合作高地和国家民族教育示范区。

2014 年全国职业教育工作会议中，习近平主席提出，加快发展职业教育，让每个人都有人生出彩机会。并要求：坚持产教融合、校企合作，坚持工学结合、知行合一，引导社会各界特别是行业企业积极支持职业教育，努力建设中国特色职业教育体系。为实现中华民族伟大复兴的中国梦提供坚实人才保障。国务院在 2014 年也印发了《关于加快发展现代职业教育的决定》。

随着中国—东盟自贸区建成、国家西部大开发战略深入、广西北部湾经济区开发进程不断加快、广西少数民族地区的特色发掘，与国务院《关于进一步促进广西经济社会发展的若干意见》发布，广西教育中的高等教育改革迎来了生机与机遇。高校教学改革也应随着时代背景变化，努力抓住机遇、迎接挑战，结合各高校发展历史与现状，充分利用位于中国-东盟自贸区核心区域优势及高校本身已经形成的东南亚语音专业优势，立足本土、背靠华南西南、面向周边的东南亚国家，努力培养适应区域经济与社会发展，具备实践能力与创新精神的高素质复合型、应用型人才。

各高校应及时明确自身办学理念与定位，使自身成为在某一区域或领域有一定影响力的区域领先、特色鲜明的高校。结合国家的举措，尤其要基于学生能力导向进行实验教学改革，真正贯彻育人为本，以学生的需求与实际能力培养为教学改革的中心。此处以国际经济与贸易、法学等专业相融合之课程国际商法为例，期望通过相关实验教学改革，为实现现代大学教育理念、培养涉外法治卓越创新型人才而助力。

国际商法课程是国际经济与贸易有关专业的一门学科基础课，其是国际经济与贸易专业应用型人才“十二五”规划的必修课之一，其兼具国际经济与贸易、商法学、法学等学科知识。

我国加入世界贸易组织（WTO）以来，世界经济格局已发生了重大变化，中国已经成为全球第二大经济体，连续三年成为第一大出口国与第二大进口国。我国经济参与对外贸易的频率不断增多，因此面临的国际经济贸易争端也逐年增加，国际商法知识的教学与运用已成为了外经贸人，包括高管、经理、业务员等，从事外经贸工作的必备重要武器。

国际商法课程的实验室建设是实验教学改革的物质条件保障与实训基地。实验技术队伍是具体实施实验教学改革的关键性要素。其构成了高校教育改革的重点和难点。而基于学生能力导向进行的实验教学改革，无疑对学生的专业知识运用力和实务能力提升起到了重要作用。

二、基于学生能力导向的实验教学的现状和存在问题

(一)学习国际商法兴趣与实情产生落差

对学生而言，主动学习与积极思考、勇于探索的强大动力是兴趣。兴趣能转化为学习与探究的信念，信念能激励学生面对困难，迎接挑战。在国际商法教学中，学生初次接触国际商法内容是非常感兴趣且充满期待的，但随着学习的深入，学生逐渐意识到国际商法的内容庞杂，且对于刚刚接触法学专业知识的学生而言，国际习惯、条约、案例的复杂性是难以很快掌握好的。国际商法内容既有较强理论性，也存在很多实际操作、判断之处。若一味注重学生学习、机械记忆能力的培养，则更容易使学生在学习过程中抓不住重点，理解不了难点。久而久之就会将学生学习国际商法的最初的兴奋期待，以及感兴趣的心理演变为厌倦、消极、抵触心理。

(二)专业认知能力不强

由于国际商法一般作为国际经济与贸易相关专业的学科基础课，其除了涉及国际经济与贸易或相关专业的本体知识外，例如：个人企业、合伙企业、公司、国际货物买卖、国际货物运输、国际技术贸易、对外贸易等，还涉及经济学、法学等相关学科知识的交融，例如：各类企业法、公司法、代理法、国际货物买卖法、产品责任法、国际货物运输法律制度、票据法、对外贸易救济法律制度、国际商事争议解决的法律制度等。学生对于国际经济与贸易专业的作用及未来的职业发展和前景较清晰，但对于与国际经济与贸易或相关经济学、法学等学科交融的国际商法的学习目的与前景去向却较模糊。学生难以找到国际商法这门专业课的落脚点在哪，因此对该门课程缺乏认知能力与感情基础。

(三)专业能力不足

在国际商法的教学中，各类高等院校的办学理念和定位都存在差异性，例

如：普通的本科院校有的定位为研究型大学，有的定位为应用技术型本科院校，有的高职高专则定位为技能型学校等。因此，定位的不同引起专业能力培养的侧重点也不一。例如：研究型大学更侧重于国际商法的基本知识与理论传授与科研能力的培养。应用技术型本科院校则侧重于国际商法的基本理论知识的学习、解决问题的实际能力培养。而有些技能型高校则忽略国际商法基础理论的系统学习，而更强调实践操作能力的培养。各级各类高等院校国际商法教学中，既让学生系统掌握国际商法专业知识，又能让学生的收集整理资料能力、语言表达能力、逻辑判断能力、综合分析能力、实际处理问题能力等，得以达到锻炼效果是较难兼顾的，故导致了专业能力不足的问题。

（四）缺乏系统条理的国际商法理论

由于各类高等院校能自主选择国际商法课程教材，因此各授课教师使用国际商法课程所涉及的教材内容存在差异。例如：有的教材只包含八方面内容：国际商法概述、商事组织法、代理法、合同法、产品责任法、票据法、知识产权法、国际商事争议解决法律制度。而有的教材除了这八方面内容以外，还增加了国际货物买卖法、国际货物运输法律制度、国际货物运输保险法律制度、国际知识产权与技术贸易、对外贸易救济等内容。

有些高校的教师在教授完国际商法概述后，根据自身专长与实际需要，挑讲其中的某些内容，而忽略其他内容的讲授。原因在于某些教材内容缺乏系统条理的国际商法理论编排，内容过多，且受课时与教学进度限制。

另外，对于与国际商法相近的经济法中也涉及商事组织法、各类企业法、保险法律制度等，因此易导致学生难以分清国际商法、经济法、国际经济法、国际贸易等其他专业学科涉及的内容。

（五）理论与实践不够契合

国际商法是操作性、实践性很强的学科，特别是有些单行法具有很强技术性，因此，单有空洞的理论是不足够的，还必须要求教授者能传授实践经验。例如：合伙企业法中的合伙的解散与清算、国际商事合同的签订、国际货物买卖合同的签订、票据法中票据的追索权行使、国际商事争议解决法律制度中的国际商事仲裁规则执行、司法解决的实际操作能力。

然而，由于某些高校教师自身都缺乏国际商法的实务工作经验，也缺乏提高实践能力的客观条件保障。因此，在教学过程中，难以带领学生开展有关国际商法的技术性、实际操作性的实验教学，难以适应当今社会的经济、商业环境，也难以为市场经济培育出国际商法实务性人才。

(六)实验室仪器设备拥有量逐年增加与利用率低下产生的矛盾

国家对高等教育的重视不断提高，因此也加大了对高等学校的投入力度，高校实验教学仪器设备的数量不断增加，但使用利用率却较低。例如国际商法课程解决国际商事争议的模拟法庭、仲裁庭、诊所式实验室等仪器设备虽然配置齐全，但每学期的实验教学中也利用不了几次。有些高校担忧使用者易弄坏仪器设备，甚至存在垄断思想和行为，有些仪器设备属于分散管理使用，存在重复购置、只为达到上级部门检查的目的，没有将实验教学的意义理解透彻。

三、基于学生能力导向的实验教学改革举措

(一)树立科学的实验教学理念

紧密围绕《国家中长期教育改革与发展规划纲要》《关于加快发展现代职业教育的决定》《关于进一步促进广西经济社会发展的若干意见》等国家级、地区的文件精神，摒弃过去只注重学生接受间接知识的实验教学理念，应尽快树立科学的实验教学理念，既注重直接专业知识的实验教学，同时也注重培养学生探究能力、实践能力、科研能力、创新能力的实验教学理念。不仅让学生拥有自学专业知识能力，而且也拥有创新探索研究未知新知识的方法及能力，使自身的综合素养得以提升。

(二)创建国际商法课程实验教学新体系

创建国际商法课程实验教学新体系，即基础知识加上基本技能、综合应用能力加上创新能力的一体化、多层次、开放式实验课程新体系，根据国际商法所涉及的基础专业知识安排实验内容，按学生认识事物的由浅入深、由简单到复杂、

由各单元到综合灵活运用的规律，分类分层次地设置相关实验课，并形成该科目的实验课课程体系。

例如：基础知识教学中，主要对国际商法理论课的内容进行科学梳理。稍高于基础知识教学的提高层教学中，则可将国际商法理论中各章节内容进行综合设计，开发独立的实验课，例如：使商事组织法、代理法、合同法、国际货物买卖法、国际商事争议解决法律制度等章节内容融会贯通，开设国际商事争议模拟仲裁庭实验课，将所学专业知识用于实践，提升学生实际解决国际商事争端的能力。

在更高层的创新教学中，主要开展探索性的科研、开放实验室及第二课堂等相融合的教学。例如：在教师的带领下，邀请学生参与到专业教师的科研实践中，通过专题探讨、社会实践调查活动、对外普法活动、国际商法法律咨询服务实践等，提升学生运用专业知识解决问题的实际能力与探索创新能力。

（三）完善实验教学大纲、教材建设、理顺实验教学内容

国际商法课程的实验教学大纲应依据各类高校的办学理念与定位制定，也应结合培养学生能力为导向，分清重点、难点，针对各类高校不同的学生层次完善实验教学大纲。例如：针对研究型大学，应在维持原有国际商法基础理论、研究教学中，增多实务实验教学。对于应用技术型本科院校及高职高专，则应根据学生的理解能力，对抽象知识的初次接受程度，对理论知识的热情维持度等实际因素，细化实验教学大纲，融入理性与情感调动相融合的元素，提纲挈领保障实验教学顺利开展。

在《国际商法》教材建设中，也应根据各类高校学生的不同特点、需求，进行个性设计。对国际商法课程所涉及的重大、疑难、抽象的理论，以及操作性、实用性难以展现的原理、知识，编写出基于学生实践能力导向的实验教材，以方便教师、科研人员、学生、实务人士借鉴并开展实验教学。

理顺实验教学内容与理论教学内容之间的关系，使实验教学内容经得住实践的检验，促进理论知识的学习与掌握，同时让理论更好指导实践。关键是积极探索如何让学生持续保持对国际商法课程内容的兴趣，尽量避免消极、厌倦、抵触的心理出现。例如：可依据国际商法原有知识点进行拓展，增加理论知识的背景

故事、国内外时事形势、案例的解说，探索国际商法的理论学习和实验意义、职业发展和前景，并注意与国际经济与贸易、经济法、国际经济法、法学等相关学科的实验教学内容进行区分，使学生形成清晰的专业认知能力。

（四）改进实验教学方法并改革实验考试方式

为提升学生学习兴趣，对国际商法课程有更深的认知，因此，需在现有的实验教学方法上进行改进。例如：传统的案例教学法中，让学生发挥主观能动性，自己寻找相关原理的案例，学生把案件带到实验教学中共同探讨。

开展体验式教学方式。体验是身、脑、心三者的有机统一，是“一种注入了生命意识的经验”，“是一种个性化了的知识经验”,① 是理性与感性的融合体。让学生直接参与到特定的情境中进行亲身体验，能激发学生探究理论与实践的主动性、积极性、创新性、实践能力等，关键是调动了学生的学习、探索兴趣。例如：可采用法律咨询、专题辩论会、疑难复杂案件辩论、专业实习、见习、社会调查、模拟审判、角色扮演、法律诊所等。

通过这些丰富多彩的实验教学方法，能提高学生的情商，增强学生的语言表达能力、人际交往能力、运用专业知识解决实际问题能力、文字表达能力等，这些都是国际商法实务中所需的技能。

在实验考试方式上，应更注重对学生的各类实际能力掌握、积极参与度等情况进行测试。可由教师提前拟定评价标准，中期及时对学生进行评价、调整、引导，后期可由教师或学生一起参与评价，通过教师的及时引导、点拨，师生或学生互相点评，教师总结等，实现公开、民主、公平的实验考试方式，以巩固实验教学成效。

（五）加强实验室建设和管理

以实验教学改革推动实验室建设，整合利用好各种资源，保障综合型、创新型、实用研究型实验室的建设，保障充足经费用于激励先进。改进运行机制，改革管理体制，提高设备仪器的利用率。对设备仪器实行专管公用或统管公用，做

---

① 孙俊三．从经验的积累到生命的体验——论教学过程审美模式的构建[J]．教育研究，2001(2)：35.

好所涉及人员、财、物的共享与统一管理，以便节约投资成本。

可加强设备仪器的共享平台建设，并增强实验技术队伍建设，形成合力，以便最大程度发挥实验技术队伍的集群优势，减少人、财、物资不必要的重复投入。适应基于学生能力导向的实验教学改革需要，提高教学水平和质量。同时，建立可操作性强、务实科学的规章制度，明确、理顺实验室建设中，所涉及各方的关系与职责，保障实验室建设和管理运行机制，实现可持续发展的良好状态。

(六)构筑稳定的实验技术队伍

盘活高校实验技术队伍中，已有力量与新引进力量，保障实验技术队伍中人员到位，合理利用各类人才自身优势。建立科学有效的人才评价标准，不能仅凭学位、学历、家庭背景等评价，而应根据其实际能力、工作中的实际表现、所担任工作岗位的技术层级贡献度等评价。因为对于实验教学改革来说，其要求技术队伍中的工作人员应更注重实绩。

同时需处理好实验教学队伍中各类人员的分工，例如：教辅人员、管理人员、教师、学工等人员，形成良好的人才结构，以便拧成互进、互补的和谐力量。建立公开、平等的竞争机制，树立实验课与理论课同等重要地位的理念，激励理论水平高的教师开展实验课，同时也加强实验课教师的理论水平，形成以理论投入实践，以实践检验理论，理论与实践的良性互动。①

通过兼职、合作或对外引进人才，建立合理的人才培养机制，通过在职培训、职业教育、到实务部门互换交流、国内外培训结合等方式，提高实验技术队伍的实务综合素质，为开展基于学生能力导向的实验教学奠定基础。

① 王彦．高等教育学实用教程[M]．桂林：广西师范大学出版社，2009：6.

第七章　法学实践教学研究

第一节　应用型人才培养模式下的法学实践教学探索

法学是一门实践性很强的学科，应用型本科高校中，法学人才培养目标是培养应用型法学人才。因此，系统的探索与构建法学实践教学，为法治中国梦的实现提供了人才保障。以广西应用型本科高校中的独立学院为例，主要围绕应用型人才培养模式下的法学实践教学的含义、现存问题、实践教学完善路径等进行研究。

2015年《国务院办公厅关于深化高等学校创新创业教育改革的实施意见》中提出："要结合专业、强化实践，促进学生全面发展。"《国家中长期教育改革与发展规划纲要》中提出："着力培养信念执着、品德优良、知识丰富、本领过硬的高素质专门人才和拔尖创新人才。"其中，本领过硬的高素质即包含了专业实践能力，只有将理论知识用于实践，实践再反之检验真理，才能更好、更高效为社会和民众服务。

《中华人民共和国高等教育法》规定了高等教育的任务是培养具有创新精神和实践能力的高级专门人才。教育部等七部委《关于进一步加强高校实践育人工作的若干意见》中提出："进一步加强高校实践育人工作。"党的十八届四中全会《决定》提出："全面推进依法治国，创新法治人才培养机制。"

《广西区人民政府关于深化高等教育综合改革的意见》中提出："支持独立学院等普通本科高校全面服务地方经济社会发展需求，以加强区域产业发展急需的应用型学科专业建设和培养应用型人才为主要任务。力争建成国内知名、区内领先、区域或行业特色鲜明的地方应用型高水平大学。"这些都反映出实践教学与能力培养面临历史以来最好发展机遇，给教育改革带来了蓬勃生机。

近来，法学教育规模不断扩张，法学专业飞速发展，同时，也存在一些问题，例如：法学专业学生实践技能不强，培养质量不高，法学专业就业不佳，法学教学与实际脱节，职业道德、认同、信仰欠缺，推理、论证、辩护、代理等专业技能水平不高。独立学院大多照搬母体高校人才培养模式，无法体现自身特色。

目前，我国大多法学专业课堂教学中，仍以教师讲授为主，方式简单，欠缺师生间互动交流，学生主动性、创造性难以发挥，课内外表现消极，更难以锻炼学生的表达、思辨等实践能力。多数高校提出的培养目标是培养理论型、学术型、研究型人才，但独立学院在学科、课程、师资、科研等方面，与母体高校差距较大，因此，培养学生质量难以一致。

随着社会不断发展，国内外新情形层出不穷，也带来了法学实务复杂性不断提升。因此，如何结合国际、国家、地区特色与优势，创新开展法学实践教学非常必要。近期，国家对高等教育中的实践教学非常重视，应用型本科高校应避免与其他高校同质化，需明确发展定位目标，强化实践教学，与各校办学特色、地域优势等紧密结合，提高应用型本科高校法学专业教学与人才培养质量，专业实务能力与就业岗位需求对接，提高就业竞争力，迎接挑战，抓住发展机遇，为传统法学教育改革探索出新路。

国内外研究现状分析。目前，国内研究多围绕本科法学人才培养模式、法学教育的宏观研究，例如：复合型、卓越法律人才培养模式、高素质法治人才培养、职业能力培养模式等。部分涉及独立学院的研究，例如：独立学院总体人才培养目标、模式、实现途径。有的侧重独立学院某方面的研究，例如：独立学院应用加技能与素质型人才培养模式。

独立学院法学研究主要有：独立学院法学专业课程设置、培养目标与教材、教师队伍、校外实习基地建设、课程构建、教学方式、考评等。少数涉及独立学院的法学实践教学研究，例如：有的主要对法学专业培养目标、各课程中实践课时、组织实施方式探讨，有的提出实践课程体系建设。有的提出应将实践教学纳入人才培养方案，有的提出实践教学存在问题，例如：缺乏实践教学课程、教学内容操作性不强、教学方式单一等，针对问题，提出课程、教学方式、内容等完善措施。有的主要研究法学专业实习、毕业论文进行，有的围绕法学某一课程实践教学方法进行单一研究。

国外主要涉及法学实践教学方法中的案例教学法、法律诊所。此外，英美法系国家为培养实务型法律人才，在早期，兴起学徒制，即律师学院承担法律人才培养任务。大陆法系国家，例如：德国虽早期重视法学教育理论和学术性，但近代也重视实践教学。为弥补高校实务技能培养的不足，英美法系国家采取法律事务者与法学院教师双向流动法。在大陆法系国家，例如：德国学习法学基础理论四至五年后，参加国家考试，通过者进行两年见习，由实践经验丰富的导师培养学生的实务能力，再考试，合格者方能在实务部门工作。

这些研究侧重对独立学院、法学人才培养、独立学院法学实践教学中的某一方面探讨，能针对性的、系统的、全面的、深入的研究应用型人才培养模式下应用型本科高校法学实践教学的仍较少，且缺乏新颖独特性，对其中涉及的很多关键问题，例如：独立学院法学实践教学内涵分析、人才培养目标定位、实践教学体系总领构建、实践课程设置与内容、实践教材使用与建设、实践师资力量、实践考核与评价、实践教学方法与教学手段等，仍需与时俱进地结合国际、国家、地域特色与优势、各校办学特点进行创新研究。因此，在已有研究基础上，从此视角深入、全面研究有新启示和重要理论、现实意义。

应用型人才培养模式下的法学实践教学改革，以独立学院为例，主要分三大内容进行研究，分别是：以应用型人才培养模式为背景，法学实践教学内涵分析，包括：独立学院、应用型人才、法学实践教学含义、法学实践教学在应用型本科高校中体现、应用型人才培养模式与法学实践教学关系论证。应用型本科高校法学实践教学现状及存在问题，包括：人才培养目标定位不清晰、缺乏实践教学体系总领构建、实践课程设置与内容仍然传统且不健全、实践教材使用与建设缺乏针对性、实践师资力量不足、实践考核与评价不尽科学、教学方法与教学手段实践性不强。应用型本科高校法学实践教学改革进路研究，包括：明确人才培养目标，树立全程实践教学理念，形成科学实践教学体系、完善实践课程建设、改善实践教学条件、加强实践教学师资队伍建设、改进实践教学考核与评价机制、有效利用实践教学方法与手段。

一、含义

根据《独立学院设置与管理办法》，独立学院是实施本科以上学历教育的普通高等学校与国家机构以外的社会组织或者个人合作，利用非国家财政性经费举办的实施本科学历教育的高等学校。应用型人才是指能运用专业知识和技能解决实务问题的专门人才。法学实践教学，即以培养法学人才为目标的各种实践教学活动的总和。

法学实践教学体现在多方面，包括：实践人才培养目标定位、实践教学体系宏观构建、实践课程设置与内容、实践教材使用与建设、实践师资力量、实践考核与评价、教学方法与手段。此外，为避免与其他层级高校培养法学本科人才的同质化，提升人才培养质量与就业竞争力，还应走自身独特之路，形成自身优势，才能更持续生存与发展。然而，多年来，应用型本科高校法学专业教学仍维持与其他高校类似方式，有的沿用传统教学模式，有的没关注实践教学，有的实践教学仍存在很多问题，正待解决，致培养出的人才既难以达到学术、理论、研究型标准，实务能力也不强，欠缺核心竞争力，供需难有效契合，有的已危及专业整体生存，故急需深入研究。

应用型人才培养模式下的法学实践教学，旨在使学生通过实践，学习法学专业知识并培养相关技能。我国经历了卓越、精英等法律人才培养模式，而法学普通教育仍为多数，有的注重研究型，有的注重理论型人才培养。独立学院特殊性及社会需求端决定了其走应用型人才培养特色之路，应更注重实践能力培养，开展实践教学。

目前法学社会需求端方向包括：立法工作类，例如各级人大与政府法制部门从业者；司法实务类，例如法官、检察官、律师；行政执法类、法律服务类，例如法律援助、非诉服务、企事业单位的法务人员、社区法律服务；法学教育与研究类。还包括：中国—东盟自贸区、泛北部湾经济区、一带一路、民族地区法学从业者。

虽然岗位不同，但所要求的知识与能力基础有共通处，即扎实的法学专业知识、基本素养，例如政治素质、职业道德、职业认同与信仰、法学思维方式、身心健康；基本技能，例如外语、计算机、文字及口头表达、沟通协调能力；专业技能，例如诉讼、非诉、辩护、代理、调解、仲裁能力；特别素质，例如通晓东南亚语言及法律、熟悉民族法。

可见，应用型人才培养模式与法学实践教学有契合之处，实践教学是应用型人才培养的核心，也是薄弱环节，培养切合社会实际的应用型法学人才是法学发展的关键点，这对于应用型本科高校法学专业来说，更为重要。需不断探索应用型人才培养新模式，分析现状与存在问题，探寻法学实践教学改革进路。

二、应用型人才培养模式下的法学实践教学现存问题

（一）人才培养目标定位不清晰

由于独立学院兴起历史较短，故很多方面需借鉴所在母体高校经验，有的直接照搬母体高校做法，而母体高校往往遵循国家统一本科法学人才培养目标，有些仍以教师、教材、课堂为中心。有的独立学院法学培养目标为应付司法与公务员等考试，只注重专业知识记忆，忽视培养学生的实践能力。有的与高职高专、研究生、博士等法学人才培养目标相同，难以凸显独立学院培养法学人才特有竞争力，独立学院也难以适用，致学生理论功底不精深，实践能力也较低，难以满足社会需求。

（二）缺乏实践教学体系总领构建

由于对实践教学不够重视，相关研究滞后，理论匮乏，实践教学体系缺乏科学指引与完整规划设计。例如：应用型人才培养目标下的独立学院法学人才应当具备哪些实践能力？通过哪些课程、教学方式、方法培养实践能力？实践教学过程如何把控？怎样对实践教学进行质量监控与效果评价等？这些皆缺乏科学系统理论指导。各环节也未能理顺其相互关系，未科学融合成和谐体系，难以满足实践需要。

（三）实践课程设置与内容仍然传统并且不健全

缺乏与独立学院办学定位、人才培养目标吻合的实践课程设置。实践课教学缺乏政治素养、职业道德、职业认同、信仰、法学思维、法学基本技能、专业技

能、特殊实践技能培养等内容。

具体包括：课程种类上，有的与全国高校法学专业核心基础课、必修课一样。有的选修课只设置了与国家司法考试密切相关的课程，有的只根据已有的师资研究方向设置课程。课程间比例关系上，有的过于注重实践课时而忽略理论课时，有的实践选修课比例明显低于专业必修课。课程间时空关系上，需处理各实践课程时间设置的先后关系。例如：有的实践课注重法学专业多项技能综合运用，如果放在大一开设，对于欠缺法学基础知识积累的新生而言，学生理解与掌握知识的难度太大，教师也需花更多时间铺垫讲解，影响了实践教学效果。

因此，大学各年级在何阶段相应开展何实践课程，各课程间如何协调时间、参与人员等问题仍需解决。课程内容上，有的未随着社会发展、法条的修改而设计鲜活内容，有的内容出现重叠或中断。课程效果不显著，有些流于形式，仍然存在以理论为主，实践为辅，学生参与率不高，积极主动性不够的状况。①

（四）实践教材的使用与建设缺乏针对性

目前使用的大多为教育部国家级规划教材，虽然内容上系统的涵盖了学科基本理论，但缺乏针对独立学院学生特点的教材，也难与学院办学特色、培养应用型人才标准相符。有的教材只有传统的一本纸质课本，而无配套参考材料、指导书、电子资源、练习库等，需要教师另花时间、精力，自行丰富。有的教材不适合独立学院教学使用，因为太过理论与抽象，所以学生对此缺乏兴趣和耐心，难以理解教材内容。此外，关于法学人才实践能力培养所需的信念、品德、思维、基本技能、专业技能、创新创业能力、特殊技能等应用性、实践性教材，与相关扩展性资料还欠缺。

（五）实践师资力量不足

独立学院教师学位大多是硕士，年龄结构大多是：36~45岁比例为20%，35岁以下比例为60%。有的直接从高校毕业，就来到高校任教，未经实务部门工作磨炼，因此出现理论与实务脱节的情形。具有法学职业资格的教师虽有实践教学

① 叶敏，万后芬．特色专业建设的背景及专业特色的凸显—以市场营销专业为例[J]．中国大学教学，2012(1)：48.

技能与经验，但上课时间与实务冲突，报酬过低，甚至无报酬，抑制了实践教学教师的积极性。由于独立学院法学专职教师数量较少，大多依赖母体大学法学院的师资，故实践教师与学生的师资配置比例仍较低，影响了实践教学的质量。跨学科复合型师资欠缺，难以开展特色课程实践教学。现有教师职称考评机制，更侧重科研论文为评判标准，导致教师缺乏实践教学动力。

(六)实践考核与评价不尽科学

实践课程考核缺乏实践能力考核标准。考核题型如何设计、计分、统分，考试时间如何安排，地点在哪，考试方式如何，实施过程有无详细计划、步骤，期中、期末检查如何开展，实践考核占分比重为多少，如何才能保证考试客观、真实、公平、透明、规范等问题，仍待进一步解决。否则，不利于学生灵活思辨能力、实务能力锻炼。评价一般采取听课与进修方式，即专家、学院督导或有丰富教学经验的教师定期听课，并在课后给出改进建议，也有学生评教和教务管理人员监督。高校支持与鼓励教师参加国内外学术会议及提升其学历。但教师职称考评机制中，缺乏实践教学量化的科学评价制，仍侧重科研评价，故影响了教师实践教学积极主动性。如何通过评价，帮助教师找出不足，以更好改进实践教学，也需进一步研究。

(七)教学方法与教学手段实践性不强

教学手段单一，有的课程视频选择、多媒体课件制作，与实践教学内容结合不够紧密。网络教学环境建设有成效但提升缓慢。有的因经费或技术限制，未将网络教学环境建设完善。

教学方法主要存在的问题有：理论教学法中存在简单的照本宣科的问题。案例教学法中将举例视同案例教学，案件选择、剖析、讨论、归纳、总结等仍存在不足，例如有些案件晦涩难懂，涉及基础原理争议太大，易让学生产生畏难抵触情绪。情境教学法缺乏周密计划与实施，致课堂秩序混乱、目标不清，难达效果。模拟法庭按事先编好的剧本，让学生扮演角色，失去了其自身实践目的和意义。抗辩教学法中，某些教师缺乏实务经验，故难运用自如，学生也缺乏有效指导，难以培养学生的各项基本与专业技能。教学方法还需进一步多样化，与科学研究、社会服务、文化传承结合，增强创新创业性、特色性。

多局限于与律师事务所、法院、检察院共建实践基地，开展法院旁听，毕业实习。由于这些实践基地一般有人数限制，故采取集中与分散实习方式。分散实习由学生自行安排，因此有的分散实习流于形式。在实习时间、内容、评价、监管、安全保障等方面仍不完善，例如有的实习内容只是负责打印、装订卷宗，难以参与实际案件处理。

三、完善应用型人才培养模式下的法学实践教学基本构思

(一)明确人才培养目标，树立全程实践教学理念，形成科学实践教学体系

可围绕应用型本科高校自身特点与定位、办学特色与优势，以法学专业实务需求端为导向，培养学生的法学专业综合实践能力，包括：扎实丰富的法学专业知识、基本素养，例如政治思想觉悟高、优良职业道德、职业认同与信仰强、良好法学思维方式、身心健康；基本技能，例如有一定程度外语、计算机水平、良好文字及口头表达、沟通协调能力；专业技能，例如有良好诉讼、非诉、辩护、代理、调解、仲裁能力；特别素质，例如通晓东南亚语言及法律、熟悉民族法、地方风俗。

与实务岗位人员共同商议，以此来确定适合自身高校的法学人才培养目标，增强核心竞争力，提高学生实践能力，满足社会需求。① 如果学生多在基层就业，人才培养定位可为培养基层实务应用型法学人才，有的可定位为培养东盟法学人才、民族法学人才。

将实践教学纳入人才培养计划中，树立全程实践教学理念，推动相关实务与理论研究。形成完善实践教学体系，包括：实践教学计划、管理、课程、教学内容、教材编写、实践方式、教学方法、师资培养、教学信息反馈、评估、奖惩措施、考评机制等多方面，让其实现有机融合，以引领实践教学的顺利开展。

根据不同的实践教学方法特点，安排不同实践课程，注意各课程间的关联

---

① 张红，张丽．贵州民族高等院校学科建设与人才培养模式探索[J]．贵州民族大学学报(哲学社会科学版)，2013(3)：190.

性，避免重复，提高效率。为提高实践教学资源的利用率，可依据各年级学生需求与实践教学基地特点，分层制订实践教学计划，例如：将大一的学生安排到实务部门旁听、参观，提高其专业兴趣，形成良好职业认同与信仰。大二的学生虽已有一定理论基础但不精深，可安排到实务部门见习，以初步锻炼基本与专业技能。大三大四的学生理论积淀较多，可进行复合实践能力训练。①

(二)完善实践课程建设

结合社会需求、应用型本科高校的办学定位、人才培养目标与生源情况进行实践课程设置。例如：针对实务岗位需求端存在司法腐败、滥用权利的情形，开设法学职业道德课。为提高学生职业认同与信仰，可开设职业生涯规划课、就业创业指导课。可按实践能力种类设置实践课程。例如：根据专业技能需求，设置物证技术学、证据调查学、司法文书写作、各专业核心课案例分析、诊所式法律教育、立法实验课、社会实践与志愿服务、法庭辩论、法学经典著作阅读等课程。

根据特别素质需求，设置东盟国家民商法、经贸法、"一带一路"各国法律知识、英美法法律思维与写作、东南亚法律英语、民族法律类课程、地方法律史、自然、文化遗产保护类课程。可根据专业资格考试，开设司法考试、读研、留学、公务员考试指导等课程。可根据理论法学、宪法与行政法、民商法、刑事法、经济法、国际法，拓展、创新各关联实践课程。

通过突出优势、特色，提高学生的实践能力与社会竞争力。基础理论学习是基石，因此不能忽视。可适时增加实践课时，提高所占比例，以促进理论与实践课有机结合。根据各实践课程特点、学生学习规律，协调好课程设置的先后逻辑关系，做好课程总体规划，从浅入深、循序渐进开设。注意避免实践课程与司法考试、公务员考试等时间冲突。课程内容需突出重点、难点，结合实践能力培养目标，注重内在联系性设计，从学生特点与需求出发，将复杂内容条理化，枯燥内容生动化，难解的内容通俗易懂化，提高学生参与率与积极主动性。关注社会动态变化，设计鲜活内容，避免出现重叠或中断。

---

① 蔡虹．独立学院法学专业实践教学改革探析[J]．吉首大学学报(社会科学版)，2015，36(S1)：217-218.

（三）改善实践教学条件

教材使用与建设应凸显特色。教材内容应把握实践教学重点、难点，语言通俗易懂，条理清晰，旨在提高学生的自主学习性、学习兴趣，增强学习信心。教师及时对学生进行引导、肯定。教师可发挥主观能动性，丰富教材配套内容，收集课程拓展内容，或主动结合应用型本科高校的实践教学需要，编写教材。有的特色教材与资料需通过田野调查获取，有的需通过地方图书馆、档案馆查阅获取，有的需要亲自走访有关部门获取。将教师科研和实践调查结合，促进了教学、科研、社会服务、文化传承的有机融合。

独立学院可加强实践教学设备、设施、场所建设，同时可利用母体高校或其他高校已有实践教学条件，开展教学活动，实现资源共享。与应用型本科高校的党团组织密切联系，可建立法律协会、辩论协会、法律文书写作协会等，与学生的第二课堂活动结合，开展法学实践活动。提升网络教学环境条件，有关部门应在资金、人员、技术等方面给予支持。运用网络便捷、生动等优势，使整体教学环境得以提升，为实践教学奠定基础。

（四）加强实践教学师资队伍建设

优化教学队伍整体结构，不断提升教师学历、社会阅历、实务能力、学术与教学水平、特色教学素养，通过与实务部门交换挂职或互聘等方式提升实务水平。开展双师型师资队伍建设。以高校内聘法学专职教师为主，以其他内聘教师、其他大学法学师资、兼职实务专家、企事业单位人员为辅，解决专业师资、实验辅导教师、学生配置比例较低问题。

加大教师培养力度，坚持听课与进修制度，鼓励教师多参与学术会议，多参与实务活动，考取相关职业资格证。建立“传、帮、带”校内培养制度，派送教师参加专业培训，使教师能不断更新知识结构，提高实践教学水平。将学生、督导、司法实务部门人员、企事业单位人员纳入，共建科学的实践教学评价机制。

（五）改进实践教学考核与评价机制

课程考核更科学化，邀请实务岗位人员，例如高校、企业、行业、研究机构的人员共同参与，制定客观、明细、可操作性的实践能力考核计划、标准与评价体系。加大主观论述、案例分析题的比重，着重激发学生的法学灵活思辨能力、实际处理案件能力。侧重职业道德、法学思维、信仰、文字及口头表达、沟通协调能力、专业技能、特殊的实践技能考核，笔试、口试、特定情境考核相结合。提高平时成绩比重，或增设实践课成绩，注重学生参与实践过程评价，可相应折抵学分。通过考核，也能使教师及时发现问题，及时做出适当调整，促进今后进一步完善教学。

由于实践教学需花费教师更多的时间、精力、经验等，有的实践教学还处于摸索阶段，困难重重，因此，应尊重各教学者的独特教学风格，科学制定教学评价标准体系。注重实践教学前期准备、进行过程中、实际效果的评价。评价指标可围绕这些方面设计：实践教学的策划与设计体现培养目标、切合实际，教学内容符合学生实践能力培养要求，教学突出专业特色、课程特色，教学氛围和教学效果良好。改革现有教师职称评定制度，给开展实践教学的教师以政策倾斜，允许折抵一定科研工作量，或享有适当优先权，以调动教师开展实践教学积极性。

(六)有效利用实践教学方法与手段

关键在于调动学生的学习积极性、主动参与性，有效利用各种实践教学方法与手段，培养实践能力。摒弃单向灌输式教学理念，加强师生、校内外、理论与实务部门有效互动式教学。有效利用多媒体、网络等手段，可探索微课、翻转课堂运用。案例教学法中，应区分简单举例与理论解释，包括前期准备、案例讨论及总结等，注重案件的事先挑选，应选择具有时代性、针对性、典型、启发性、一定疑难性、地方性、特色性、真实性、新颖性、拓展性的案件，按案件难易、复杂程度，分类、辅助教学，锻炼了学生人际交往、语言表达、科学研究能力。

情境教学法中，通过模拟体验实务岗位的不同角色，锻炼了学生理论分析与实际解决问题的能力，包括：模拟法庭、模拟辩论等。应明确目标，加强周密计划与组织实施，需提高教师实务经验，才能更有效地引导学生进行法学思维、基本、专业技能训练。法律诊所式教学，即学生模拟，或真实地为处于生活困境而又迫切需要法律援助的人提供法律咨询，重在培养职业技能和职业道德，特别是律师职业技能。围绕案件，采取提问、讨论、反馈等方式，提高学生的语言表达、组织协调、临场应变、与他人合作能力等。

开放式教学法，即不仅局限于课堂实践教学中，还包括教学主体、环境、方式方法、就业开放等方面，以提高综合实践能力。教学主体不仅局限于师生间，还可引进实务部门人员，例如：法官、检察官、公安机关人员、律师事务所、法律仲裁机构、行政机关人员到校内授课、完成讲座等。

环境不仅局限在课堂上，还可在课堂前、中、后，课外、校内外、国内外，与第二课堂、学生社会实践三下乡、普法宣传、法律援助等结合，也可到实务部门旁听、见习、实习。就业不仅局限于公安、检察院、法院，也可以选择到企事业单位中，任职法律顾问、法务人员，到学校任教等。开放还可体现在不只局限于法学中，可与其他学科有效渗透，以开展实践教学，例如培养特别技能时，需将法学与外语、国际贸易、民族学、经济学等融合。

订单式教学，即根据社会需求的岗位，进行针对性的人才培养，使人才能更顺利就业，达到供需均衡。需根据不同岗位标准，制定不同或共通教学目标、大纲，编写对应的教材及扩展性资料，确定各自考核、评价办法等。此教学方法无疑给我们提供了一种新的视角，值得进一步探讨。

社会实践调查，即有目的、有组织、有计划的深入实际、深入社会，对完成的社会实践活动进行总结报告。利于学生了解社会现实，增强社会责任感，积极参加社会各种实践活动，增加大学生社会阅历、职业阅历，并提高大学生就业竞争能力，接触社会，了解实际职业需求。

四、成效

通过对应用型人才培养模式下法学实践教学中的理论依据、内涵、现存问题、教学改革进路进行全面、深入、细致研究，促进了法学学科可持续发展，能提高应用型本科高校法学专业的教学与人才培养质量。专业实务能力与就业岗位需求对接，更具就业竞争力，避免与其他本科类院校同质化。与“一带一路”倡议构想、民族区域政策、东盟区位优势等结合，更具特色性，为传统法学教育改革探索出新路。为社会稳定、经济发展，培养具有法学实践能力人才，实现了应用型人才培养目标，也为法治中国梦的实现提供了人才保障。

(一)具体成果

完善了实践教学人才培养计划，包括法学专业本科、专升本培养计划。丰富了实践教学方法、手段，增强了师生、生生、师徒之间的互动性，融入了时尚现代元素，获得了较好实效。

制订了实习实训制度，进行了法学专业“3+1”、非“3+1”分散、集中实习、实训改革，完善了实施方案、大纲、校外指导人员、校内指导教师的职责规定，明确了律师事务所、法院、检察院的工作职责、考核、成绩评定办法、纪律、安全规定等。拟定了实验室工作制度，制订了实验室工作计划，加强了模拟法庭等实验室建设，确定了实验室每月工作主题、设备使用办法。

构筑了实践考核与评价体系，设计了综合实践活动的学生、导师、指导人员评价表、法律诊所评价指标等。精简了实践教材、参考书。完善了代表性课程的课件与教案、教学大纲、习题集等。建立了新一批实验实践教学基地，签订了合作协议，为实践教学顺利开展奠定了良好基础。

开展了各种实践活动，包括：普法宣传、讲座、模拟法庭、法律知识竞赛、辩论赛，参与市政府立法咨询会，与社区结对共建，开展了社会实践调查、法律援助、志愿活动、扶贫、座谈等。

(二)主要解决的问题

解决了人才培养目标定位不清晰问题。与母体高校区分，与高职高专、研究生、博士等法学人才培养目标区分，确立了应用型人才培养模式下法学实践教学人才培养目标。解决了实践教学体系缺乏总领构建问题。对实践教学给予了足够重视，加强了实践教学体系的科学指引，并进行了完整规划设计，理顺了各环节之间的关系，使之融合成和谐体系。

解决了实践课程设置与内容仍然传统且不健全的问题。根据应用型本科高校的办学定位、人才培养目标，进行了实践课程设置。增加了政治素养、职业道德、职业认同、信仰、法学思维、专业技能、特殊技能培养等内容。协调了理论与实践课程的比例、时空关系。解决了实践教材使用与建设缺乏针对性的问题。精拣了针对应用型本科高校学生特点的教材，与学院办学特色、培养应用型人才标准相符。完善了配套的参考材料、指导书、电子资源、练习库等。

解决了实践师资力量不足的问题。让教师到实务部门磨炼，实务人员参与校内教学，理论与实务得以更好融合。协调了实践师资配置比例，培养了跨学科复合型师资，以便开展特色课实践教学。解决了实践考核与评价不尽科学的问题。制定了实践考核、评价标准，解决了实践方式较单调问题。此外，还解决了教学方法与教学手段实践性不强，较单一、传统的问题。丰富了教学方法与手段，增强了现代性。解决了法学专业校内外实习实训基地建设不足问题，提高了其利用率，丰富了活动种类，加强了系统管理。

（三）具体方法

通过总结、调研、论证，明确了人才培养目标，树立了全程实践教学理念，形成科学实践教学体系。围绕应用型本科高校自身特点与定位、办学特色与优势，以法学专业实务需求端为导向，与实务单位共商，培养学生的法学专业综合实践能力，形成完善实践教学体系，包括：实践教学目标、计划、管理、课程建设、教学内容、实践教学方式、方法、教材、指导书、奖惩措施、考评机制、实践教学设备、设施、场所建设、资金、人员、技术保障等。

通过结合、融合、整合的方式调整课程结构，优化实践课程模块。压缩理论课时，提高实践课时。大学外语、计算机课程与法学专业结合，设置了实用性的法学专业外语课程、专业应用软件课程，例如：开设了英国法律概况、泰国法律概况课程。将行业、职业、岗位对人才的知识结构、技能结构、素养结构要求，融合到专业课程体系中，例如：开设司法口才与司法实务、演讲与口才课程。将创新创业教育、就业教育融合到专业课程中，例如：开设模拟法庭、法院实务、检察实务、人民调解实务课程。开设了专业限选课以提高职业素养，例如：社交礼仪、普通话口语、公共心理学课程。根据国家标准，在专业基础课中增设了法律职业伦理课程。确保实践课课时占总课时30%～40%，在实践课程中增设了社会实践课程，时长4周。

充分考虑专业人才培养特点，合理设置实践课程开课顺序，制订了翔实计划。将专业核心课、理论课、核心技能课程、体验见习类课程适当前移，技能类课程已尽量早开课，例如：法律文书移至民事诉讼法后的第5学期，司法口才与司法实务课程前移到第3学期。采用“3+1”(国内)人才培养模式，合理安排好校内3年课程的同时，也安排好了校外1年实践课程。出国方向英语、泰语模块的教学方面，均制订了翔实的课程计划、实习实训计划。

改革大学外语加专业实践教学。配合“3+1”(国内)人才培养模式，将普通类大学外语教学由通用英语向“通用英语+专业英语”转变，开设了不出国方向、出国方向、英语模块、泰语模块、越南语模块的系列实践课程。例如：开设了泰语口语、泰语阅读、泰语应用文写作、英语口语、英语阅读、英语应用文写作、英国文化与经济概况、泰国文化与经济概况等课程。在课时、开课学期、学分等方面做好了协调。

强化系部间、校内外、国内外合作，实现资源协调共享，开展了各类实践活动。出国方向模块、任选课程资源、师资资源、教学资源上，实现互联互通、相互支撑。设置了多种类型的科研项目、实训、实践活动。开展了与专业培养密切相关的就业创业训练活动，完善就业创业培养体系，培养学生的创新精神和实践能力。

实践教学教材及相关教辅资料的选择情况，详见表7-1。

教材是体现教学内容、保证教学质量的重要基石。内容丰富、结合实际的高质量教材，能够极大地促进学生对课程内容的理解和掌握，拓展其视野。为了保证教学质量，掌握课程体系，坚持选用教育部推荐的优秀教材以及21世纪教材，例如：马克思主义理论研究和建设工程系列教材、中国人民大学出版社教辅。为辅助教学，还汇编了相关课程习题集及相应的案例库，作为课程的辅助教材及教学参考，并有质量较高的授课讲义和大量丰富的教学参考书。

表7-1 **实践教学参考书目**

序号	书 名	编著者	出版社	出版时间
1	法学实践综合教程	凌萍萍	气象出版社	2016年8月
2	法学本科实践教学教程	齐喜三	郑州大学出版社	2012年9月
3	法学课程实训教学讲义及演练脚本	樊学勇	中国人民公安大学出版社	2009年4月

续表

序号	书　名	编著者	出版社	出版时间
4	北京市法学品牌专业实践课程系列特色教材	郝琳琳	北京大学出版社	2008 年 3 月
5	模拟法庭	刘晓霞	科学出版社	2013 年 6 月
6	北京市法学品牌专业实践课程系列特色教材——英美合同法律实务	白慧林	北京大学出版社	2008 年 1 月
7	实践性法学教育讲义：把课堂当作社会	陈建民	清华大学出版社	2009 年 5 月
8	律师法学	谭世贵	法律出版社	2013 年 3 月
9	法律文书教程	周道鸾	法律出版社	2008 年 7 月
10	法律职业道德	王新清	法律出版社	2007 年 4 月
11	监狱学导论	吴宗宪	法律出版社	2012 年 5 月
12	公务员法	应松年	法律出版社	2010 年 8 月
13	公务员法学	关保英	法律出版社	2007 年 6 月
14	应用口才教程	林华章	法律出版社	2005 年 11 月
15	互动教学法——诊所式法律教育	李傲	法律出版社	2004 年 9 月
16	实用法律基础	张建飞，俞丹	法律出版社	2013 年 1 月
17	法律文书教程	张泗汉	法律出版社	2017 年 8 月
18	检察制度原理	樊崇义	法律出版社	2009 年 11 月
19	笔迹学	贾治辉	法律出版社	2010 年 5 月
20	侦查策略与措施	郑晓均	法律出版社	2010 年 3 月
21	行政法案例研究	孙春增	法律出版社	2011 年 8 月
22	经济法案例研究	徐贵一	法律出版社	2011 年 8 月
23	民事案例研究	安宗林	法律出版社	2011 年 8 月
24	刑事案例研究	曲伶俐	法律出版社	2012 年 9 月
25	痕迹检验实验教材	朱兰	法律出版社	2012 年 2 月
26	中国律师学	陈卫东	中国人民大学出版社	2012 年 6 月
27	现代应用文书写作	杨文丰	中国人民大学出版社	2006 年 11 月

续表

序号	书 名	编著者	出版社	出版时间
28	法学课程实践教学系列教材：模拟法庭审判讲义及案例脚本(民事卷)	樊学勇	中国人民公安大学出版社	2009年8月
29	劳动与社会保障法实务教程	张居盛，唐文娟	科学出版社	2018年8月
30	法律诊所	许身健	中国人民大学出版社	2014年2月
31	法律谈判实务教程	韦忠语，成晓明	中国人民大学出版社	2014年3月

教师实践教学情况(学生评教)问卷调查数据分析，详见表7-2。

参与此次调查的学生有15级法学1、2、3班学生，共134人，发放调查表134份，收回134份。各项数据统计如下：

1. 你认为老师的实践教学态度，

 A. 工作热情高，关心、爱护学生(选此项学生共120人，所占百分比为90%)

 B. 工作较认真，对学生比较关心(选此项学生共14人，所占百分比为10%)

 C. 工作不够认真，不关心学生(无学生选此项)

2. 你认为教师组织的实践教学内容：

 A. 效果好(选此项学生共125人，所占百分比为94%)

 B. 效果较好(选此项学生共7人，所占百分比为5%)

 C. 效果一般(选此项学生共2人，所占百分比为1%)

3. 你觉得教师上课的实践内容是否充分、丰富、条理清晰、重点难点突出：

 A. 充分，丰富，条理清晰，重点难点突出(选此项学生共119人，所占百分比为89%)

 B. 不太充分，较丰富，清晰，重点难点较突出(选此项学生共15人，所占百分比为11%)

 C. 不充分，不丰富，不清晰，难辨重点难点(无学生选此项)

4. 你认为老师创设的实践课堂氛围：

 A. 融洽、活跃而有序(选此项学生共119人，所占百分比为89%)

B. 秩序好，但比较死板(选此项学生共 15 人，所占百分比为 11%)

C. 课堂秩序差(无学生选此项)

5. 你认为老师对你进行的实践课堂、课后学习指导、提供参考的文献资料：

A. 能够经常进行指导，效果好，参考的文献资料丰富(选此项学生共 124 人，所占百分比为 92.5%)

B. 能够进行指导，但效果一般，有一定的参考文献资料(选此项学生共 10 人，所占百分比为 7.5%)

C. 很少指导，缺乏参考文献资料(无学生选此项)

6. 你在课堂上参与学习、掌握实践知识和技能的情况：

A. 积极、主动地学习、当堂听懂、掌握(选此项学生共 118 人，所占百分比为 88%)

B. 较少主动地答问、提问或参与讨论、有时听不懂(选此项学生共 16 人，所占百分比为 12%)

C. 基本上不主动答问、根本听不懂(无学生选此项)

7. 你觉得教师在使用教学媒体时：

A. 熟练、新颖、丰富(选此项学生共 123 人，所占百分比为 91.7%)

B. 较熟练、较丰富(选此项学生共 11 人，所占百分比为 8.3%)

C. 不熟练(无学生选此项)

8. 你在课堂上的感受是：

A. 兴趣浓厚、愉快的、受启迪的(选此项学生共 120 人，所占百分比为 90%)

B. 兴趣一般、有压力的、较受启迪(选此项学生共 14 人，所占百分比为 10%)

C. 毫无兴趣、厌倦的(无学生选此项)

9. 老师布置与批改作业、安排考试的情况：

A. 合理布置作业、考试，作业量适中，考试安排合理，批改认真，讲评及时，讲评效果好。(选此项学生共 126 人，所占百分比为 94%)

B. 反复布置作业、考试，量较重，批改比较认真，讲评比较及时，讲评效果较好(选此项学生共 8 人，所占百分比为 6%)

C. 很少布置作业、考试，量过轻，批改不够认真，不及时讲评，讲评效果差。(无学生选此项)

10. 你体会老师对你的帮助是：

A. 帮助很大(选此项学生共120人，所占百分比为90%)

B. 帮助比较大(选此项学生共14人，所占百分比为10%)

C. 帮助不大(无学生选此项)

11. 你对任课教师的实践教学效果总体评价是：

A. 满意(选此项学生共119人，所占百分比为89%)

B. 比较满意(选此项学生共15人，所占百分比为11%)

C. 不满意(无学生选此项)

12. 你对实践课程教学效果评价，如果总分为100分，则你认为可得多少分?

A. 85分以上(选此项学生共119人，所占百分比为89%)

B. 60—85分(选此项学生共15人，所占百分比为11%)

C. 60分以下(无学生选此项)

综上所述，今后还需进一步做好：不断保持实践教学工作的热情，认真负责，尽量做到关心、爱护每一个学生，进一步改进实践教学内容、方式、方法，提高实效。需进一步充实上课内容，理清条理，突出重点，深入剖析难点，使课堂氛围更加融洽、活跃而有序。深入学生，了解学生所想，因材施教，多关注学生的兴趣点。继续加强课堂、课后学习指导、完善参考文献资料。让学生尽量在课堂上全面参与学习，掌握知识和技能，当学生有疑问时，应耐心解答。进一步增强使用教学媒体的技巧与熟练程度，尽量保持新颖性、丰富性。尽量营造愉快的、启发式的课堂气氛。合理布置作业、考试，作业量可适当再增加。考试安排中，可多安排实务运用考查，继续认真批改作业与测验，及时讲评。虚心听取专家们、同行、学生们的意见、建议、反馈，不断改进、完善实践教学。

第二节　基于应用能力培养的法学专业校内外实习实训基地建设

实习实训基地是培养学生实践能力的重要场所，应用型本科高校法学专业实习实训更应突出自身特色，发掘自身核心竞争力。通过长远规划实践课程体系，丰富实践教学方法与手段，突出特色，建立、完善实践教学各制度、机制，做好人员与经费保障等方面，以期更好进行实习实训基地建设，为培养应用型法律人才助力。

随着时代发展，社会需要越来越多应用型法律人才。法学教育既是一种职业教育，也是素质教育，培养高素质应用型法律人才，是应用型本科高校法学教育的首要任务，也是异于其他高校求生存发展，提高自身核心竞争力的关键。法学专业校内外实习实训基地建设，对于提高实践教学效果，培养应用型法学人才而言，至关重要。而应用型本科高校法学专业校内外实习实训基地建设，仍欠缺系统探讨，特别是与各高校办学方向与特色不够紧密结合，仍存在若干困境，因此如何化解困境，找到出路，需要更深入研究。

一、实习实训基地的建设困境

(一)实践课程设置不够系统科学

实践课程中，通过对各种案件的学习、讨论，使学生真实直观地了解了法律制度的完整性、规范性，以及个案法律适用的复杂性，激发学生主动研究法学理论的兴趣和热情。对学生进行实践技能和科学研究方法的训练，能巩固学生在课堂上所学书本知识，加深对法学基本概念、原理、制度的理解，掌握基本技能，并运用相关理论处理实际问题。同时，能拓宽学生的知识领域，锻炼实践技能，培养学生求真务实、科学严谨的工作作风。

但实践课程设置不够系统科学，表现在：实践课程与理论课程比重难有合理界分，实践课程占总学分比例不定，有的盲目加大实践课程学分、学时比重，机械相应压缩理论学分、学时，致法学教育的基础知识结构不牢，影响了进一步实践教学的效果。① 实践课程开设时间较随意，未能循序渐进，有时存在因人设课现象，应用型本科高校师资除了自有教师外，很多实践课程依赖外聘教师，师资稳定性不够，因此难以根据学生身心发展与认识事物规律，在不同阶段安排相应

① 叶永禄．论法学实践教学与卓越法律人才培养教育——有感于教育部“卓越法律人才教育培养计划”[J]．云南大学学报(法学版)，2013(3)：116-117.

的实践课程。实践课程内容重复，难以区分，实践课程门数表面上增加了，但内容易交叉，有的实体法课程增设了相应的案例分析课程，但所用案件基本一致，也与相应诉讼法内容重复。

（二）实践教学方法与手段单一，收效不佳

长期以来，灌输式教学在我国法学教学中占主导地位。而法学课程内容包罗万象，也包括部分艰深的理论，应用型本科高校的学生思维活跃，较其他高校学生更善于边实践边学，也更希望在轻松愉快环境中吸收法学基本理论。若一味采用讲授式、板书式方法教学，则难以激发学生学习兴趣、主动参与性、创造性，更难以培养学生法律思维、实践能力。有的课堂讨论、辩论主题陈旧不切实际。有的角色扮演、模拟法庭像剧本排演，有的庭审观摩、法律咨询、走访调查只是临时安排。有的教学方法手段和高校办学方向与特色不够紧密结合，无法满足应用型人才培养目标，难以提升法学专业学生的学习、就业等核心竞争力。

（三）实践教学相关制度、机制不健全

实务单位参与高校实践教学基地建设缺乏激励机制。虽然国家有关部门提出高校与实务部门联合培养机制，但现行制度实施过程中，指导学生实践活动未与实务单位人员考核、薪酬、职务、职称挂钩，因此多凭实务工作人员的责任心配合实践教学。

高校与实务单位合作互惠机制待进一步探索，才能达成长久良性合作关系。① 应用型本科高校的内聘法学教师大部分是刚毕业的硕士、博士，他们更多拥有法学理论知识，而缺乏实务知识与经验，因此，难与实务单位共同开展实务项目研究、案件探讨。

考评制度、机制不够细化，不利于客观评价学生实践活动成效。实践教学活动中，应更注重学生的专业态度、品性、思维、法律诠释、逻辑推理、论辩等能力养成，因此，过程性、团队性考核更重要，但目前仍缺乏细化的考核标准。有的见习、实习流于形式，仅凭一份书面的实习鉴定报告完结，难以检测学生实践学习效果。有的实践教学活动未与学生学分认证、奖惩制度连接，影响了学生参

---

① 霍宪丹．法学教育的历史使命与重新定位[J]．政法论坛，2004(4)：3.

与实践教学积极性。

（四）经费紧张，实践教学队伍待组建并优化

当前，实习实训基地建设与开发有一定基础，配置了相应办公设施、设备、服装道具及电子系统等，大多应用型本科高校法学专业在校内外建立了实训实习基地，与法院、检察院、律师事务所及社区等单位签订了实习实训协议，以拓展学生的实践场所。学院在学生宿舍、图书、理工仪器等方面已耗费大量资金，法学专业实践教学的指导人员费用、实训基地后续建设与维护、项目开发、质量监控等，仍存在资金紧缺的问题，影响了应用型法律人才培养。此外，在师资方面，由于高校引进教师时，更侧重学历与科研能力，而少有实训经验要求。教师进行实训课程开发、建设过程中，往往需要付出比理论课程更多的工作量，但未纳入绩效考核中，影响了教师积极性。师资培训方面，访学、进修往往重理论而轻实务，有的教师挂职实务单位时间短，未能积累丰富实践经验，影响了实训教学效果。

二、实习实训基地的完善出路

基于应用能力培养的法学专业校内外实习实训基地的建设，应符合地方高层次应用型、地方特色大学建设理念。应突出自身特色，即与其他类型高校不同领域优势，并结合学院、各地区、国家、社会发展形势需要，发掘自身核心竞争力，与国际化、民族化、地方化结合，才能保证活力，实现可持续发展，为应用型法学人才培养助力。① 针对上述困境，具体有如下完善出路：

（一）长远规划实践课程，理清课程相互关系，形成有效体系

保证充分的理论学习前提下，可结合国家要求，并根据社会需求端，同时，据各应用型本科高校及法学专业特色，确定理论、实践课程所占学分、学时的比重。明确基于应用能力培养的法学专业校内外实习实训基地的建设目标，避免实践课程内容重复，可配套开设、完善应用型实践类课程，例如：证据法、法庭辩论、公务员、研究生等考试技巧、司法文书、就业创业指导、东南亚法律实务、

---

① 廖斌．地方高校培养卓越法律本科人才探析［J］．河北法学，2011(12)：11-12.

民族法实务等。

依托母体高校或其他院校已有实践教学中心、实验室、实践基地，实现资源共享与互补，如：指纹鉴定实验、测谎技术实验、笔迹鉴定实验课等。根据学生所处不同阶段，开设相应实践课程，从而让学生得到更系统有效的实践训练，例如针对低年级学生可设置法学基本素养实践课，高年级学生可开设综合实践素养提升课程。

(二)丰富实践教学方法与手段，突出特色，增强实效

探索多种实践教学方式方法。为激发学生学习兴趣，提高分析和解决问题能力，培养逻辑思维能力，让学生在轻松快乐氛围中更好吸收理论知识，可采用多媒体教学、互动式教学、课堂分组讨论、即兴辩论、探究学习、案例教学、法律诊所、角色扮演等。例如：可在民法、刑法、经济法、民事诉讼法、刑事诉讼法等核心课程中开展模拟法庭、仲裁庭、陪审团、听证会、谈判、企业并购等。

案例教学、法律诊所、情境模拟教学等，需提高质量，细化具体步骤，同时保留创新环节，而非走过场。注重案件的真实性、典型性、适当疑难性、启发性。营造师生间自由探索、充分交流的良好氛围。组织学生到民族地区、东南亚国家、北部湾地区等，深入开展社会实践调查，同时，可与教师应用能力培养、科研结合。

根据就业方向采用不同实践教学法，利用好各类实习实训基地。例如：司法实务类就业，主要采用法庭旁听、模拟法庭、实习、见习法。行政执法类就业，主要采用行政单位实习、见习法。法律服务类就业，主要采用政府立法咨询、法律诊所、法律援助模拟、实习、见习法。东南亚国家、民族、泛北部湾经济区的法律服务类就业，主要采用实地调研、特色实践法。法学教育、研究类就业，主要采用法学理论、心理学、教育学等多学科实践教学法。

根据各应用型本科高校定位，培养学生强烈的服务意识与社会责任感，提升学生核心竞争力。例如：有的独立学院定位为某自治区和东南亚地区有一定影响的区域领先、特色鲜明的应用型本科院校，所以法学学生可到相关实践单位，担任司法助理，开展法律咨询、代理，进行法律援助，成立法律援助中心、工作站、咨询室，开通热线电话，担任志愿者。开展普法宣传活动，例如：送法下

乡、进社区、到少数民族地区、东南亚国家普法，与学生第二课堂活动结合。

开展国内外实践交流。邀请国内外、区内外法学学术、实务专家，作法学理论及司法实践讲座、报告，开展论坛、沙龙活动等，开拓学生知识面。组织学生到国内外、区内外法学院、司法实务部门、企事业单位参观考察、座谈交流，拓宽学生视野。

（三）建立、完善实践教学各制度、机制，为实践教学顺利开展保驾护航

高校实践教学活动应尽量与实务单位人员考核、薪酬、晋级挂钩，使高校与实务单位联合培养机制真正发挥作用。不断提高应用型本科高校法学师资实务素养，培育双师型教师，注重科研实务性。教师在授课、讲学过程中，应更多围绕实务中的难点、热点问题讲解。① 在图书、案卷、多媒体系统等方面，实现资源共享，更好与实务单位共筑长效合作、互惠机制。

构筑素质与实践能力评价指标体系，将书面与面试考核结合。评价指标可包括：思想政治素养、法律职业道德、② 公平正义法律理念、文字表达能力、口头表达能力、法律逻辑思维能力、应变能力、人际交往能力等指标，分成思想、心理、知识、技能等模块，形成优秀、良好、中等、合格、不合格等类型。指标体系应具有操作性、客观性、合理性。

建立学生实践积极性有效调动机制。建立应用型法学专业学生实践活动学分认证、管理、奖励、惩罚制度，约束和鼓励学生，保证实践活动实效。实习、见习制度方面，可探索延长实习、见习期，建立并完善导师制，包括实习带队老师、法官、检察官等实习指导老师，完善指导人员选拔、监督、考核、待遇等机制。

（四）做好人员与经费保障

拓宽办学经费来源渠道，多方筹集资金，重视法学实训教学，给予足够政策

---

① 魏建国．法学研究的实践化与本土化转向“卓越法律人才教育培养计划”所开放出来的学理更新[J]．社会科学辑刊，2013(3)：80-81.

② 齐延平．论现代法学教育中的法律伦理教育[J]．法律科学．西北政法学院学报，2002(5)：12.

支持与物资保证。引进教师时，应更注重其实训经验。对实训教师开展的实务教学活动，给予客观科学的评价，合理认定其工作量，组建校内外理论与实务互补的实训教师团队，优势共享，共同建设实训基地。继续贯彻国家双千计划的实施，邀请实务单位人员到高校任教，举办讲座，开展实务培训。

同时，鼓励高校法学教师到实务单位挂职锻炼，保证足够时间和锻炼效果。教师也可利用法律职业资格证书，兼职法律事务，从而积累更多实训经验。可组织教师到国内外法学院，进行实践交流活动，以互通有无，获取经验，为基于应用能力培养的法学专业校内外实习实训基地的建设，奠定良好基础。

第八章　信息技术与法学教学融合研究

第一节　信息技术与应用型本科高校法学教学融合探索与实践

一、信息技术与应用型本科高校法学教学融合概述

习近平主席在2015年国际教育信息化大会中指出："因应信息技术的发展，推动教育变革和创新，构建网络化、数字化、个性化、终身化的教育体系。"《国家中长期教育改革和发展规划纲要(2010—2020年)》专章提出"加快教育信息化进程"。2020年10月，中国共产党的十九届五中全会中，将"基本实现信息化"列为"到2035年要实现的九大远景目标"之一。2021年1月，中共中央《法治中国建设规划(2020—2025年)》中强调："加强信息化保障，优化整合法治领域各类信息、数据、网络平台，推进全国法治信息化工程建设。"信息技术的快速发展对高校法学教学也产生了重大且深远的影响。然而目前，信息技术运用于法学教学存在理论与实践的偏差，需从深度、广度上不断推进，加强理论构建和教学应用，才能让信息技术与法学教学真正融合，从而提升学生的专业素养并提高教师教学效果。

(一)释义

信息技术，即管理和处理信息时的各种技术的总称，主要运用计算机科学与通信技术，进行开发、设计、安装和实施信息系统与应用软件。包括传感、计算机及智能、通信、控制等技术。

应用型本科高校法学教学，即与研究型高校、创业型高校不同，应用型本科高校更注重培养符合地方经济社会发展需要的人才。其以就业为导向，采用与职业密切结合的人才培养模式，重视法学实践和创新能力的培养。

信息技术与教学的“融合”，不是简单混合，而是通过有机整合，让信息技术与法学教学形成统一的整体。信息技术深入法学教学各环节，成为重要组成部分，实现双向互动，弥补传统教学的不足。

(二)信息技术运用于法学教学的理论基础

建构主义理论。强调以学生为中心、情境营造、合作交流学习，构筑融洽的学习环境，在探索的过程中实现对知识的深层理解及意义建构，能激发学生创新精神。使用信息技术的混合式学习，将线上与线下教学结合，为学习者创设特定情境，促进学习者通过互相协作，共同探究，提高学习效率。

联通主义理论。认为“互联网+”时代的学习，是复杂、综合、动态、碎片化、大规模化的，不是个体学习活动，而是网络化、社会化的，具有交互性。在此网络中不断探索，通过线上的互相交流，可以帮助学习者更好的抓住学习要点，线下活动能进一步强化学习者间协作、创新。

混合式理论。即将各类媒体有机组合，扬长避短，以取得最佳教学效果。各种媒体包括：移动通讯设备、无线网络等。不受时间、地点的限制，可自由进行多样化学习，能将传统教学与数字化教学有效结合，而非简单叠加。信息技术能使教学形式更丰富，让知识呈现更生动，但也需要注意是否能有效利用技术。

(三)主要研究内容

对信息技术运用于应用型本科高校法学教学情况进行细致、深入、全面地调研、分析，总结在教学过程中，运用信息技术的种类、使用情形，发现仍存在的问题，分析信息技术未能与法学教学充分融合的主客观原因，探索运用信息技术的新手段新方法，提出法学教学改革创新路径。通过对广西若干应用型本科高校的个案调查研究，不仅可以解决该类高校法学教学中存在的问题，也为其他高校教学技术手段创新提供参考借鉴。

主要围绕四方面展开：一是转型与变革的背景。现实中需要更多适应信息社会发展的创新应用型法治人才，因此本科高校需重新定位人才培养目标和模式。二是问题与原因。问卷调查主要围绕：运用信息技术开展法学教学的重视程度、技术载体情形、软件硬件建设、统筹管理机制、主客体的信息素养等展开。探寻信息技术运用于法学教学优势与不足。三是研究信息技术进入法学教学的前期准备、基本规律，一般经历工具手段、方法选择、模式创新阶段。提出信息技术与法学教学有效融合策略，从理念树立、素养提升、方式方法创新、软件硬件完善、机制全面构建等，实现信息技术与法学教学深度融合目标。四是实践与创新。以中国法制史课程为例，从课堂教学、实验教学、教学评价等，进一步探讨信息技术与法学教学融合理论与实践，形成可借鉴的信息化法学教学模式：基于“SPOC+翻转课堂”混合模式。

（四）研究方法

主要研究方法有：个案法，以广西若干应用型本科高校为例，以系统论为引领，结合多学科专业，例如：计算机科学、思想政治教育、教育学、历史学、法学、文化学。多种实证研究法，例如：问卷调查、访谈调查等，通过国内外关于信息技术运用于法学课程教学情况的比较，把握共性和个性关系，能更客观、辩证分析问题。

（五）理论与实践意义

理论意义：信息技术已渗透到人们生活、学习、工作的各领域，改变了人们的生存方式、状态、实践方法等。在法学教学领域，信息技术也备受关注，成为探讨的热点问题。通过对信息技术在应用型本科高校法学教学中存在问题进行分析，辨析信息技术与应用型本科教学关系，探寻信息技术进入教学中的基本规律，准确定位信息技术在教学中扮演的角色，丰富了信息化教学理论。

实践意义有：利于推进应用型本科高校法学教学系统改革，优化人才培养环境，提高人才培养质量。随着信息技术快速发展，利用技术违法、犯罪案件日益增多，信息安全也受到威胁，引发行业、职业的需求变化，信息法学应用型人才明显短缺。因此，通过改革能丰富教学方法和手段，重构教学目标、内容、环境，培养信息时代法学应用型人才。

其能深入推进教学信息化建设。通过信息技术在应用型法学本科课程中有效运用的典型案例，充分挖掘信息技术种类及其功能潜力，探索建立相应体制机制，提高技术使用实效，促使技术向更深、更广领域发挥作用，为社会服务，也能促进师生提高信息化意识、技能、素养。能解决法学教学实际工作中面临的若干问题，为相关院校教学改革提供借鉴。包括：运用信息技术进行的人才培养方式、教学模式等改革，相关举措、原则、对策，都能提供参考。

（六）国内外研究现状

在国内，近年来，学术界关于信息技术与法学教学的研究趋势有：部分学者从不同学科专业领域探讨信息技术与法学教学结合的必要性、可行性、重大意义，例如：社会学、新闻传播学、思想政治教育、计算机科学、教育学等。有的围绕“法律读库”，研究普法类微信公众号的运营内容、模式。自媒体平台受众面广，安装方便，使用率高，法学教学需要大众媒介支持，故应发扬法律类自媒体公众号的传播优势，克服运营缺陷。① 有的认为融媒体具有雷达、教育、文化、舆论引导功能，还需提高运用融媒体的意识、丰富其内容、拓宽传播渠道，才能更好发挥思想政治和法学教育的育人作用。②

研究者们普遍认为信息技术能弥补传统法学教学的不足，能促进法学教学有效开展，同时，传统的法学教学优势也需继承和发扬。部分学者认为教育工作者应与时俱进提高自身信息技术素养，通过了解并熟练掌握各种信息技术使用方法，才能更好开展法学教学工作。针对信息技术时代背景下法学教育面临的挑战、出现的问题，若干学者也展开了论述。一些学者特别关注了信息技术背景下增强法学教学工作实效性的方式方法，并展开了优劣势探讨。具体有以下方面：

1. 关于各种信息技术载体在法学教学中的应用研究

（1）互联网应用于法学教学

以“互联网”和“法学教学”为检索词，在中国知网数据库查询到相关研究文献从 2006 年至 2021 年近 15 年间约有 77 篇，其中 2006 年至 2007 年仅 2 篇，从

---

① 杨诗琦．普法类微信公众号运营研究——以“法律读库”微信公众号为例[D]．武汉：中南民族大学，2018：3.

② 尤榕．融媒体视域下高校思想政治教育路径创新研究[D]．哈尔滨：哈尔滨理工大学，2020：19-22.

2015年开始，数量逐年上升，2017年至2020年较多，有56篇。随着互联网的发展，运用互联网进行法学教学的探索也日益增多，互联网自身的特点与优势，为法学教育顺利开展奠定了良好基础。

有的认为"互联网+"思维能实现学生为主的教学模式，教学资源更丰富、师资结构更合理、课程内容更饱满。① 有的表明传统法学课程讲授已无法满足新时代学生需要，故需利用互联网更新课程内容，采取多样化教学方法，拓展评价类型，才能进一步提高学生学习兴趣与效果。② 部分学者认为需辩证对待互联网，克服不利情形出现，指出在运用互联网开展法学教学时，很多问题亟待解决，不足之处需弥补。网络资源虽丰富，但合适的教学资源难以辨别，有的脱离了教学目标，只是简单复述了教材内容，无法保证教学质量。③

法学教学中，关于互联网新产业引发的新问题研究仍滞后，例如：网络安全法、信息安全法。教师的信息化教学水平和能力有待提高，教学方式和手段需创新，网上教学活动需更丰富多彩，以增强法学教学的时代性、科技性，从而切实提高学生专业技能，使之成为高素质人才。④ 通观国内高校，例如清华大学，运用信息网络技术开展法学教学起步较早，也取得了一定成效，但理论与实践中仍存在若干问题与不足。

(2)微技术应用于法学教学

微技术，例如微信、微博、微课堂，微信公众号、微视频等，以其强大的功能、灵巧便捷的优势，在人们工作、学习、生活中，使用频率不断提高，特别受到师生喜爱。

微博、微信等平台能及时传播法治事件，互动性强，参与度高，通过广泛交流并发表意见，能培育学生的法学意识与素养，了解更多课堂外的法律知识，为

① 靳宁，王艳丽."互联网+"背景下的交叉型法学课程改革探索——以南京审计大学《经济犯罪调查》课程为例[J]. 公安学刊(浙江警察学院学报)，2016(6)：97.

② 司丹."互联网+"背景下法学专业课程改革探析[J]. 当代教育实践与教学研究，2019(20)：32.

③ 赵雪军."互联网+"背景下刑法学教学改革探索[J]. 法制与社会，2019(30)：194.

④ 唐素林."互联网+"时代高职线上线下法学教育教学创新探究[J]. 中国多媒体与网络教学学报(中旬刊)，2020(11)：8.

社会提供更多法律服务。①

智慧微课堂将传统课堂教学与新时代数字化学习相结合，能充分发挥教师引导作用，启发学生创新思维，让学生更积极、主动参与教学活动。然而，法学课程群的微课堂建设还需进一步深入探讨，其中涉及：如何更新教育理念；如何运用新技术与方法来提高教学效果；如何构建教学队伍；如何整合教学内容；如何改进教学方法与手段等问题。②

利用微信公众号进行教学，虽有交互性强、资源共享性高、受众范围广等优势，但需继续解决教与学的时间分配、过程性教学评价、教学资源建设、教师教学技能等问题。③

可见，微技术仍未充分运用于高校法学教学中，专项系统研究仍不够，少量的已有研究发现微技术运行和实施效果仍待实践检验，很多问题亟待解决。

(3)共享教育平台应用于法学教学

共享教育平台，例如：慕课(MOOC)、云上讲堂、网校等，已成为现代高校教育教学的学习交流平台。北京大学教学网、武汉大学共享学习平台，较早开设了法学教育内容。

这些平台能让学生体验一流大学的课堂氛围，获得高质量的教学资源，得到优秀教师的指导。教师通过各类学生的反馈，能及时调整教学策略，了解学生需求，重新梳理重点难点知识，从而提高教学水平。通过提前观看视频案例等教学内容，能节约传统课堂教学时间。互评作业、测验，参与讨论，能增强学生间交流。但非常考验学生的自觉性，如果学生不主动在平台学习，缺乏自制力，加上缺乏监督机制，则易造成成绩两极分化严重，目前仍需政策、资金等大力支持。④

---

① 范成博."互联网+"环境下非法学专业研究生法学素养培育研究[J].高教学刊，2020(15)：97.

② 汪琴."互联网+"时代下"法学"智慧微课堂教育模式探讨[J].合肥师范学院学报，2018(2)：90.

③ 陈华丽.基于微信公众平台的翻转课堂在法学教学的改革探析——以"中国法制史"课程为例[J].牡丹江教育学院学报，2019(7)：49-50.

④ 古丽巴旦·托汗，魏晶晶，方娴，马国芳."互联网+教育"背景下多媒式教学方法在临床医学专业卫生法学课程中的SWOT分析[J].临床医药文献电子杂志，2019(72)：165.

慕课能突破时空限制，随时随地自由学习，使优质教育资源在全国范围内实现共享。但由于经济发展不平衡、资金不足，各省、地区教育水平参差不齐，基础设备设施不够，共享教育平台所依赖的计算机等硬件、学习软件仍缺乏，有的网速慢，不能稳定传输，影响了学习效果。

法学教学中除了显性知识，还包括隐性知识。如何将隐性知识通过平台进行传授，是信息技术下法学教学面临的挑战。如没做好信息安全监管，则会引发电脑中病毒、账号被盗、支付被骗等问题，损害教学主体利益。① 因此，也需辩证对待、科学运用共享教育平台。

(4)新媒体应用于法学教学

新媒体，主要运用数字、网络、移动通讯技术，通过互联网、无线通讯网、卫星、宽带局域网，以手机、数字电视、电脑等输出终端，提供信息和服务，包括各种音频、视频、语音、远程教育、游戏、娱乐活动。其容量大，具有实时性、交互性。

法学专业学生需提高新媒体沟通能力，包括人际交往能力、专业沟通能力、情感交流能力，因为这些能力可帮助大学生更好融入社会，强化规则意识，提升法律工作者职业水平。② 通过新媒体，可将新闻热点案件嵌入课堂，锻炼学生法律思维能力。案件应具备典型性、及时性、适当性、适度性。除了注意教师引导作用，还需发挥学生自主性，做好动态的全程跟踪，课内外结合等事宜。③

还有论者认为现代大学生由于缺乏社会主义法治信仰，法律维权意识低，网络空间的虚拟性容易引发学生犯罪，而新媒体对于学生提高法律素养、法治信仰具有一定意义，因此，在法学教育过程中，应充分利用新媒体技术克服这些弊端，至于如何克服，值得深入探讨。④

① 马岚．“互联网+”视域下法学教育研究[J]．法制博览，2019(14)：20.

② 邓渝．法学专业学生新媒体沟通能力提升的教学模式研究[J]．科技视界，2017(30)：22.

③ 冯江菊．新媒体背景下新闻热点案件的法学课堂嵌入问题探究[J]．法制与经济，2015(11)：8-9.

④ 季敏．新媒体环境下大学生法治信仰之育成[J]．内蒙古农业大学学报(社会科学版)，2014(1)：109.

2. 关于法学教学主客体的信息素养研究

关于法学教学主客体的信息素养专项研究较缺乏，仅在少量研究中附带提及。有论者认为在互联网时代，需培养多元化法学人才，在掌握法学专业知识与技能的同时，还得熟练运用互联网技术。

可以联合其他院校凭借网络资源共享，引进优质精品课程教学视频，提高教师信息素养，也能解决教师数量不足的问题。① 网络资源确实丰富多彩，但需建立系统的资源数据库，单凭某个高校开发并建设是不够的，故需通过互联网的共享功能，在各高校之间设立诸如图书馆的联盟，以提高师生信息素养。②

当今社会中，学生在网上获取信息的能力甚至超过教师，不仅引发了师生关系的改变，更促使教师必须适时提高信息技能。可通过学校统一举办培训，教师主动学习信息技术来改善这种状况。学生也需增强自控力，提高海量信息的辨别能力，还需增强现实社会沟通交流能力，而非一味沉溺虚拟世界。③ 可见，法学教学主客体的信息素养已受到部分学者关注，但研究仍不充分。

3. 信息技术推进法学教学的对策研究

目前，关于信息技术推进法学教学的对策研究，没有单列进行专项探讨，只有部分附于互联网法学教育、新媒体法学教育中讨论。认为“互联网+”环境下，应创新法学教学模式，包括：采用线上与线下协同模式，即设计特定课程，将各章节的知识点重新分类、归纳，反思教学方式，总结出线下教学的缺憾，再有针对性的利用课程 APP、微课、慕课、直播平台等，弥补线下教学不足。

设计常规+网络综合课程，即在传统教学中加入网络环境的相关知识，包括大数据、信息、软件知识。采用仿真加模拟的实践教学，即让学生通过虚拟情境，感受法律工作氛围、程序、当事人角色，为正式工作奠定基础。④ 提出多样化教学模式改革举措，即教和学的互动模式，应站在学生的立场，开展体验式、协作式、混合式学习，兼顾每个学生需求，培养学生自己解决问题的能力，重视

① 马艳婕．“互联网+”时代法学本科教育改革探究——基于独立学院的人才培养出发[J]．科技视界，2019(3)：27-28.

② 彭丽明，李俊．“互联网+”时代法学教育教学模式改革[J]．教育文化论坛，2019(3)：130.

③ 沈晶．“互联网+”时代高校法学教学的创新[J]．法制与社会，2018(27)：195.

④ 刘雅芬．“互联网+”时代法学教学模式创新分析[J]．陕西教育(高教)，2020(6)：46.

探索知识的过程。稍带提及还需改革教学方式和理念，才能提升学生综合素养，应更深入、具体论述改革方案。①

可见，虽然国内有关信息技术的研究已有一定规模，但运用信息技术支持法学教学的研究比较零散，权威著作较缺乏。多数论者看到了信息技术给法学教学带来的挑战、机遇、发展趋势，能提出一些自己的见解，也能发现若干问题，然而很多举措只是简单描述，问题的解决对策也不够具体、全面。此外，还需梳理各类已有信息技术载体在法学教学中的应用优劣，重新整合、融合，或引进新信息技术，增强法学教学实效性。

国内已有研究鲜有涉及中国法制史课程与信息技术融合，有的直接将线下课堂内容搬入网上，缺乏前沿科学模式建构与实践探索。国内对于 SPOC、MOOC、翻转课堂理论与实践研究多集中在 2014—2015 年以后，现有研究多论述其特点、作用等。

在国外，研究主要围绕以下几个方面展开：

1. 培养模式

目前，法学本科教育培养模式以美国、德国为代表，有两种情形。前者属于法律职业教育模式，强调法律职业能力培养。后者属于法律素质教育模式，强调学术科研能力培养。为顺应市场需求，很多高校认为应用型本科法律人才培养是迫在眉睫的，因此选择了美国模式。

2. 通过网络进行教学在国外早有实践

例如：美国借助快速发展的互联网技术，迅速将其运用于教学，突破了时间、地域局限，低成本，让更多人有受教育的机会。开发了 Coursera、Udacity、edX 平台，网络教育将继续成为美国教育改革的重点。日本的 50 年网络教育规划，也正在实施，以满足民众的教育需求。有的日本大学将文化、面授与互联网技术结合。为保证网络教学、信息的安全性，英国、法国、瑞典、韩国、印度、新加坡等国出台了系列互联网立法，例如：《改善瑞典网络安全战略》《国家网络安全策略》，英国、美国、德国、法国、意大利、加拿大、俄罗斯等国签署《开放数据宪章》，新加坡出台《个人数据保护法》。

---

① 李闽湘．“互联网+”时代法学教育面临的挑战与变革研究[J]．家庭生活指南，2018(7)：163.

3. 法学教学模式探讨

例如：混合式教学模式。关于其优势，研究者 Harvi Singh、Chris Reed 认为信息技术背景下的混合式教学会运用到多种教学方法，能优化学习成果，成本低，收效高。关于该模式的构成、内涵，Kaye Thorne 认为传统教学与在线教学相混合，运用了计算机技术，则构成了混合式教学。霍恩、Goodyear 等在 2016 年、2015 年指出混合教学不是单纯技术的混合，而是学生能切实参与并体验，满足个性需求，以学生为中心的混合。Siemens 在 2005 年指出通过协商、对话、探讨，方能深层理解知识。

国外对于翻转课堂源于 2007 年美国课程改革，主要围绕教学实践、教学方法、与传统教学模式比较研究。2012 年开始对 MOOC 进行了大规模运用，对于 SPOC 研究较细，包括理念、技术平台、教学内容、形式、功能。

综合国内外研究现状可见，近年来各种信息技术载体运用于法学课程教学研究已有一定数量，包括互联网、微技术、共享教育平台、新媒体等。SPOC 和翻转课堂研究已有一定基础。信息技术运用于法学教学，已获得一定重视，已成为教育现代化之必然选择。从基础设施建设到应用，有不断推进趋势。但仍存在若干不足：

针对应用型本科高校法学教学融入信息技术的研究较少，还需更深入、具体的应用实效探讨。对待信息技术的态度上，主要有两种对立的观点：一种认为技术是万能的，能解决教学中所有问题，如有更先进信息技术手段，加上使用者能很好运用技术，则能更完美。另一种认为技术不是万能的，甚至需远离技术，因为技术可能对教学产生负面影响，达不到预期效果，导致教学被技术奴役，背离教育本质。

此时，我们需辩证看问题，既看到技术对教学的促进作用，也看到其不足。若使用了不当的信息技术方法，忽视了教学主客体需求，也会难以发挥其积极作用。因此，需结合学生具体情形、教学环境、资源配置、教学内容等，才能更好发挥技术的作用与价值。教学模式、管理体制、机制也需重新构建。对于应用型本科高校而言，其更注重适时性、实践性，这就要求需更深入进行理论构建和应用实效研究，让信息技术在教学改革中真正发挥作用。

教学理论与实践脱节，应用型法学本科教学思想理论与实践需增强契合性。

理论需结合国情、区情、校情、学情等实情，才能更好指导信息技术的应用。信息技术在美国产生较早，也影响了其他国家。我国起步较晚，多借鉴外国先进教育理念和经验，但若一味引进、参照他国做法，加上各国文化差异，则会导致技术难以在我国消化、吸收、创新。因此，教学理论需立足于我国、本土实际，经受教学实践检验，才能真正内化为我们的财富。已有的相关研究多从外国引进，确实发挥了一定作用，教学思想从教师为中心到学生为中心，再到学教并重，传统与信息化教学结合，是值得肯定的。但随着时代变迁，理论的适用范围也应与时俱进更新。

系统性研究不足。目前国内外研究多局限在信息技术运用于法学教学的某一方面，例如：信息化教学的某种方法、模式研究，鲜有信息技术与法学教学良性融合的体制机制研究。以应用型本科高校为探测点，从宏观到微观视角，系统、深入探索信息技术服务于高校法学人才培养的各种可能，更是必要的。已有研究奠定了良好研究基础，也为我们提供了更广阔研究空间。

二、信息技术运用于法学教学现存问题

信息技术运用于法学教学，虽有众多优势，但也存在一系列问题：

（一）信息技术运用于教学的意识还需提高，理念需更新

某些高校法学工作者不能充分认识与理解信息技术价值、功能，仍固守传统思想。不熟悉信息技术教学理念和方法，认为新技术难以改善教学效果，甚至起反作用，因此缺乏积极性，不敢轻易尝试。软件硬件资金投入不足，信息化建设步履缓慢，难以满足师生信息化教学需求，进一步影响了使用信息技术的劲头。未充分将信息技术运用情况纳入考核、评价体系中。对教师而言，多以论文发表、课时量等为主要考评指标。对学生而言，多以平时、段考、期考成绩综合评定。故使用信息技术教学动力不足，缺乏深层思考，也不够重视。

（二）缺乏信息技术相关知识与技能，或过度依赖信息技术

虽然全国有信息技术讲座、培训，但涉及法学专业中信息技术运用于教学的专题学习班仍较少，新老教师接收新知识和技能水平不一，有的离开专业技术人

员辅助后就难以自行操控，加剧了畏难情绪，担心在学生面前操作失败，没法对技术带来的便捷高效产生认同。有的教师接受能力较快，也感兴趣，但过于迷恋技术带来的优势，忽略了教学基本功的锤炼，较杂乱运用信息技术，未实现与教学的有效整合、融合，未能发挥技术在教学中的实际作用。

(三)浅层认识信息技术，表面运用，实质守旧，被迫使用

未能充分认识信息技术运用于教学中的内涵作用，认为采用投影、幻灯、电脑就是信息技术教学的全部内容。殊不知信息技术其实是辅助教学手段之一，目的是克服传统教学中的弊端，让现代教学更赋实效，提高效率。有的以为上传了电子教案、课件就行，却没认识到信息技术的丰富内涵与新教学方法。此外，何时、何处需运用信息技术，与传统教学方法如何有效衔接，也仍需深入探讨。

运用多媒体教学时，出现教材搬家、念课件等问题，信息化教学方法、模式也缺少创新。为打造金课、一流课程、示范课，只在专家评审典型章节中加入信息技术，而未对课程整体实施信息技术改革。有的直接引用外来资源模板，没有实质筛选、整理、加工，就给学生使用，也不及时检测使用效果，忽略学生、环境差异。

由于强迫性政策、硬性指标，或将信息技术运用情况作为考评唯一指标，让师生产生了抵触情绪，影响了信息技术顺利推行，也影响了教学效果。有的不论学科、专业、内容差异性，将教学课件、大纲、计划等简单堆砌网络平台，致信息技术沦为点缀。

(四)信息技术资源开发、建设缺乏统一规划，知识产权保护不足

各高校信息技术资源较零散，若经过统一的规划，规范标准，同时结合各校实际情况，通过采购、开发、建设，方能投入使用。通过整合、重组，合作，才能实现信息技术资源共享。加强知识产权保护，鼓励教师探索信息技术运用于法学教学的新领域。

(五)信息技术应用异化与局限

难以运用仪器设备进行深层职业道德教育。冰冷的器械难以替代人与人之间

现实的情感交流，甚至导致人际交往障碍，引发孤独症、自闭症等。师生过于关注信息技术的酷炫，而忽略教学重点难点内容掌握。网络欺诈、黑客、暴力、不良言论，难以辨识，易引发违法犯罪。如何趋利避害是关键。

随着信息技术快速发展，法学教学面临机遇，更有挑战。信息社会对应用型法学人才培养有何要求？在教学过程中需引入什么具体信息技术？如何引入？技术怎样有效支持教学？新技术对传统教学产生哪些正面或负面影响？如何建设信息化教师队伍？教学管理体制与机制如何构建？教学模式如何创新？一系列问题也急需解决，才能实现信息技术与法学教学深度融合，促进人才培养质量提升。

三、信息技术与应用型本科高校法学教学良性融合的对策

由于信息技术快速发展与广泛运用，已改变了人们学习、工作、生活方式，需要更多顺应信息社会发展的高素质应用型法学人才，故需重新定位人才培养目标，重构人才培养体系，以促进高等法学教育成功变革和转型。

总结与探讨信息技术支持应用型本科高校法学教学的重要性、必要性、可行性，分析信息技术对法学教学提出的新机遇和挑战。信息技术对法学教学产生的影响及特征表现在：突破了时空限制，开拓了思维；改变了生存、交流、学习方式；改变知识呈现方式，提高时间利用率；团队协作是信息时代人才培养的新要求；因材施教，满足个性化需求；由教师主导性转变为学生主体性；教学内容不仅局限于教材，而是扩展到网络空间；教学方法不再是传统的讲授法、阅读法、讨论法，而是体验法、游戏法等；现实与虚拟的结合，呈现混合式教学模式。

为使信息技术在实际教学工作中发挥更大作用，针对信息技术在应用型本科高校法学教学中存在问题、影响因素分析，提出信息技术与法学教学良性融合对策与合理化建议，包括：结合地方院校特点、现状，以及信息时代对法律人才的实际需要，重树人才培养目标，还需做好如下方面：

（一）做好信息技术进入法学教学前期准备

教学主客体须树立使用信息技术的信心，变被动为主动，具备主观能动性。有稳定持续的硬件条件，加强软环境建设，与原有传统教学理念、方法、模式、体制、机制等做好协调、衔接。

探寻信息技术进入法学教学基本规律，一般经历工具手段，例如：演示、个性化学习、沟通交流工具，到方法选择和模式创新阶段。方法、模式包括混合、体验式、游戏化教学。科学运用信息技术手段、提升技术实效。

政策保证与建立激励机制。制定科学政策，与国家、自治区政策结合，保证合理的建设规划，打造强有力的技术辅助团队。对积极运用信息技术进行教学的教师，给予相应报酬。将技术运用纳入评奖评优、考核评价指标体系中。举办相关比赛、示范课，营造良好氛围。

须树立开放、主体参与、体验式教学新理念，通过培训等方式提高师生信息素养。开放包括校内、区内、国内、面向世界的开放，也包括授课内容、过程、考核的开放，实现资源共享。秉承加强协作、合理利用资源、开放教学、服务社会等观念，整合校内外资源，加强校企合作，扩大对外交流。

（二）完善信息化教学管理体系建设

具体包括这些方面：管理体制上，确立分工明确、协调统一的组织机构。包括领导小组、办公室、各技术服务单位等，做好统一指挥，支持协作，具体执行。制定科学合理的管理规范，包括机构、人员等规范。确立各机构及岗位职责权限，建立软硬件建设制度，为实现资源共享而建立统一技术规范与标准制。

信息化教学机制上，主要包括管理、运行、考核评价、监管机制。管理机制，主要是战略管理、政策体系研制。从校本实际、学科专业、师生内在需求出发，做好长远整体战略规划。信息化教学需要教师投入更多时间、精力精进技术，学生也需做好配合，还需众多技术辅助手段，如要持续开展下去，不断创新，则需研制科学政策，以维护教学稳定。

运行机制，主要是标准规范制定、安全保障、培训体系建设。信息教学资源来源于校内外，有的是自己研发制作的，需制定标准规范，统一梳理、筛选、整合、加工、分类，以保证各类资源发挥实效，运行顺畅。技术辅助体系是信息化教学的安全保障，包括建设好软硬件基础设备设施、校园网络、多媒体教室、数字化教学平台、数据库、虚拟教学室等。通过培训体系建设，促进教学顺利进行。

考评机制，主要是定性、定量指标体系构建、激励机制确立。通过考评，发现信息教学实施中问题，及时做出应对，扬长避短，不断改进，也能为科学决策提供依据，推动其他规章制度建设，保证教学深入、持续开展。

监管机制，针对运用信息技术发表不良言论、散布虚假信息、实施违法犯罪行为，以及危害师生健康发展，威胁到校园和谐稳定等行为，及时利用监管机制进行正确疏导，维持正常教学秩序。人员可由院校领导、教研主任、学工人员、党团组织人士组成。

(三)信息技术与法学教学深度融合创新实践

围绕地方应用型本科人才培养目标，以开放式办学、参与、体验式教学为指导理念，信息技术为支撑，中国法制史课程教学为个案，探讨基于“SPOC+翻转课堂”混合模式的法学本科课程教学特点、课堂与实践教学方法、考核评价等，探索信息技术与法学教学深度融合方法和路径，让教学改革与创新得以进一步升华。

小结：

现实中需要更多适应信息社会发展的创新应用型法治人才，因此本科高校需重新定位人才培养目标和模式。提出信息技术与课程教学有效融合策略，从理念树立、素养提升、方式方法创新、软硬件完善、机制全面构建等，实现信息技术与课程教学深度融合目标。

对信息技术运用于应用型本科高校法学教学情况进行细致、深入、全面的调研、分析，总结在教学过程中运用信息技术的种类、使用情形，发现仍存在的问题，分析信息技术未能与法学教学充分融合的主客观原因，探索运用信息技术新手段、方法、模式，提出信息技术与法学教学融合创新路径。

还需进一步解决的关键问题有：分析信息技术时代下社会对法学人才培养有哪些要求；应用型本科高校法学教学特点；信息技术如何在应用型法学本科教学中发挥实效；教学模式如何创新；探索信息技术在应用型本科高校法学教学中的应用机理和规律。为实现信息技术与法学教学有效融合目标，发挥信息技术对教学的持续积极作用，科学的信息技术管理体制机制、相关制度如何衔接、整合；如何构建数字信息化考核与评价指标体系也是急需解决的问题。

第二节　信息技术背景下基于“SPOC+翻转课堂”混合模式的法学课程教学研究与实践

一、信息技术背景下基于“SPOC+翻转课堂”混合模式的法学课程教学概述

基于“SPOC+翻转课堂”混合模式，即对几十到几百人的小规模在线课(SPOC)，设定了学习时间、强度、讨论、作业、考核等环节，运用微课视频等进行翻转课堂教学，将线上线下教学结合的混合教学模式。

对信息技术运用于广西应用型本科高校中国法制史课程教学情况进行细致、深入、全面的调研、分析，总结在教学过程中运用信息技术的种类、使用情形，发现仍存在的问题，分析问题原因，探索基于“SPOC+翻转课堂”混合模式。不仅可以解决法学课程教学中存在的问题，也为其他高校教学技术手段创新提供参考借鉴。

(一)基于“SPOC+翻转课堂”混合教学模式优势

融合了线上与线下课堂教学优势，发扬了MOOC优点并克服其缺点，也弥补了传统线下课堂不足。将重点难点问题制作成精致微课，利于学生运用碎片化时间集中注意力学习和巩固知识。

虽然能通过MOOC自学，但MOOC有很多不足，例如：需自主安排学习进程，如不够自觉则会难以完成课程；学生基础差异大而致丧失学习积极性；纯线上教学而缺乏线下面对面交流与监督，影响了学习效率。而此模式能弥补这些不足。

翻转课堂能让学生提前自主学习，实现知识传授，再通过课堂交流互动实现专业知识内化与技能提升。还能解决理论和实践课时不足、集中讲授效率不高等问题。学生通过线上提前预习、了解实验操作，以便线下更好深入、拓展，开展实践，教师在线上能更清晰了解每个学生需求，为之提供个性化引导。

(二)以中国法制史课程为切入，进行“SPOC+翻转课堂”混合教学模式改革的必要性

中国法制史是法学本科核心学科基础课，涉及法学与历史学。理论与实务工作者多关注与现实密切联系的其他法学专业课，认为现行法律多参照西方法律制度即可，中国传统法制教研被逐渐忽略了。

应用型本科高校也需注重培养学生人文素养，以便更好适应工作岗位。中国法制史课程中，将中国上下五千年历史、法理、哲理、故事等串联，涉及古、今、中、外法律法规，人文性强，发人深省，是其他法学课程无法替代的。

中国传统法制能为社会主义法治完善奠定良好基础。立足国情，以史为鉴，总结经验教训，发扬中国优秀传统法律文化，吸收西方先进理念，才能更好为现代法治服务。中国法制史中也涉及刑法、民法、行政法、诉讼法等演变历程，与当今部门法联系紧密，因此具有基础性、实用性。

中华传统法律文化博大精深，仍发挥重大作用。包括：礼法合一、德主刑辅的思想，为依法治国和以德治国提供了参考；立法完备、规模宏大、内容丰富、法律形式多种多样，为当前法律制定等做好了铺垫；以和为贵、息讼和解调解的价值观沿用至今，维护了社会稳定；监督公职人员，严肃治官，保证了国家强盛不衰。

对此课程进行混合教学模式改革，能改变传统教学沉闷、缺乏互动等情形。网络具有开放性、共享性、时效性，以及沟通便捷等优势。前期、中期、后期课堂得以融合与拓展，能关注到每个学生，有效解决学生基础差异大、学习范围窄、师资不足等问题。激发学生自主学习性，提升师生专业综合素养，丰富课程内涵，提高教学质量。与传统教学模式良好衔接、融合，不断升级，实现课程改革创新，优质教育资源共享，为法学教学改革提供借鉴。拉近历史与现实的距离，忆古思今，为我国当前法治建设助力。

(三)国内外研究现状分析

国内研究现状：

1. SPOC 国内研究现状

SPOC，即小规模在线课。国内学者在 2014、2015 年对 SPOC 进行粗浅研究，

2015年以后的研究逐渐增多。从理论细化和构建模式等作为切入点，逐渐扩展到与MOOC关系、在线课程、翻转课堂、混合式学习等方面。

在SPOC理论研究方面，张芮等学者认为SPOC学习者的认知、知识维度均高于MOOC学习者。① 此外，在情感学习效果、技能学习效果、学习情况等方面也基本存在此情形。丁莲等学者认为MOOC虽然掀起了数字教育革命，但仍面临很多瓶颈和局限，而基于SPOC的教学模式创新能弥补其不足，同时能提升教学质量与实效，提高学生自主学习能力，促进高等院校深入信息化教学改革。②

在SPOC教学实践方面，清华大学教学团队较早进行了探索。2013年研发了“智学苑”SPOC教学平台并实现上线。该平台有多种功能和优点：根据知识点进行底层框架设计，资源丰富，建立了数据分析模型，设立了教学管理模块，梳理了电子教材内容，支持了学习过程。此外，上海交通大学、北京语言大学、浙江大学、西安交通大学也纷纷推出了“好大学在线”“北语慕课”“CNSPOC云课程平台”“慕课平台”等，不同程度开设了各学科的SPOC课程。

2. 翻转课堂国内研究现状

翻转课堂起源于2007年的美国，起初运用录制视频方式记录课程，然后将其放互联网上共享，便于学生学习。国内学者主要围绕翻转课堂的理论概述、理念、教学模式、优势等展开论述。例如：王欣等学者认为要实现翻转课堂，需由教师事先制作教学视频，学生课外观看视频解说，之后又回到课堂里完成师生、生生面对面交流心得体会，分享学习成果，从而实现教学目标。③ 翻转课堂能重构学习的时空节段，课外也能学习知识点，课内则有更多时间进行研讨和知识应用，故对教师能力提出更高要求。李颖认为翻转课堂能优化课程教学效果，有效消除学生的焦虑情绪，提高时间管理能力，能更好辅助学习，实现自我

① 张芮．MOOC与SPOC学习效果分析与对比研究——以《现代教育技术》课程为例[D]．西安：陕西师范大学，2017：95-182.

② 丁莲，杜巍，张玲，李辉．后MOOC时代高职教育教学创新——基于SPOC翻转课堂教学模式的计算机基础课程教学研究[J]．教育现代化，2018(12)：34-35.

③ 岳洪杰，蒋新苏，王欣．信息化背景下高职院校翻转课堂教学模式研究[J]．文存阅刊，2018(1)：204.

测试。①

3. SPOC、翻转课堂在法学教学领域的研究

“SPOC+翻转课堂”混合模式在理工学科专业领域探讨较多，文科领域较少。与其他学科相比，国内法学界对于SPOC、翻转课堂的研究起步较晚，研究文献分别在2016年、2015年后逐渐出现，多与宏观法学教学结合论述，与具体课程结合研究的仍较少。胡小凤认为后MOOC时代背景下，应结合学生特点和实际情形，运用信息技术对法学课程教学模式进行创新研究，构建基于SPOC法学专业课程混合教学模式，能促进师生良性互动，激发学生学习法律的兴趣，提高法务实践能力，实现复合型、应用型人才培养目标，从而更好适应社会所需。② 潘淑岩认为翻转课堂教学模式与法学职业教育理念吻合，有助于学生通过法律职业资格考试。③ 法学课程教学需加强师资团队建设，开发课前资源，设计课堂模式，完善考评机制。

4. 中国法制史课程教学研究现状

在中国知网数据库中，搜索到法学主干课程教学研究情形：宪法教学330篇，民法教学194篇，刑法教学206篇，行政法教学165篇，诉讼法教学364篇，经济法教学1789篇，国际法教学251篇，中国法制史教学223篇。中国法制史课程教学研究数量比单独的民法、刑法、行政法教学研究数量多，但比根本大法宪法以及经济法、诉讼法、国际法教学研究数量少，可见中国法制史教学研究具有相当热度，但总体上仍重西方法律，轻本土法律研究。

已有的中国法制史课程教学研究多注重传统教学方式、方法、模式探讨，将信息技术运用于教学研究有24篇文章，吴丽娟在2002年、苗鸣宇在2005年、牛迎春在2008年，较早从成人教育网课、多媒体教学、开放教育课程初步探索了此课改革。近几年有零散研究围绕雨课堂展开，例如：2019年李美香的研究。2019年陈华丽的微信公众平台研究、2018年王彬的速课研究，都围绕此课程进

① 李颖．卫生管理课程翻转课堂的实践思路及策略——基于Explore-Flip-Apply模式[J]．继续医学教育，2017(3)：29-30.

② 胡小凤．后MOOC时代成人法学课程混合教学模式研究[J]．中国教育技术装备，2020(12)：114-115.

③ 潘淑岩．翻转课堂教学模式在法学课程教学中的开展[J]．教育理论与实践，2019(27)：59.

行了改革。“SPOC+翻转课堂”混合模式专项研究较少。

国外研究现状：

1. SPOC 国外研究现状

2012 年，MOOC 在全球高等院校和职业教育机构中普及，开放式的线上教育逐渐被人们所认识。而 MOOC 在实践中的教育质量问题逐渐显现，故国外高校开始探索小而精致的新型 SPOC 网课。国外 SPOC 教学研究主要围绕四个方面：一是改进与创新 SPOC 技术平台、教学内容、形式以及教育理念，使 SPOC 课程适用于小规模及特定学习群体；二是进行了若干功能研发，如小班教学管理功能等，能满足学生个性化需求，也能督促学生全程学习，给予及时的在线学习辅导，能活跃教学氛围，能有更多时间进行探究学习；三是研发了学生学习效果分析模块，能测试到学习频率与广度，通过后台显示的学习数据分析，及时掌握学生学习状态，督促学生提高成绩，也为教师发现课堂教学不足，及时改进教学策略提供帮助。四是探索长期更有效的可持续发展模式。

2. 翻转课堂国外研究现状

翻转课堂研究在 20 世纪 90 年代美国高校已出现。哈佛大学的埃里克·马祖尔教授将学习分为知识传递与内化两步骤，整合了同伴教学法与翻转学习。国外研究者主要侧重翻转课堂教学实践探索与应用，以及与传统教学模式对比研究，教学效果的实证研究等方面也有探讨。美国学者 Gerstein 构建了概念探究、体验学习、意义建构、展示应用等阶段式翻转课堂教学模式。美国的罗伯特·陶伯特教授围绕线性代数课程实践，设计出翻转课堂实施模型、系统结构图。主要包括课前和课中阶段，课前边看教学视频边完成作业和练习，课中则完成测验，通过问题的解决实现知识内化、反馈，最后总结经验教训。

3. 法学教学模式、中国法的国外研究现状

例如：混合式教学模式。关于优势，研究者 Harvi Singh、Chris Reed 认为信息技术背景下的混合式教学会运用到多种教学方法，能优化学习成果，成本低，收效高。关于该模式的构成、内涵，Kaye Thorne 认为传统教学与在线教学相混合，运用了计算机技术，则构成了混合式教学。霍恩、Goodyear 等在 2016 年、2015 年指出混合教学不是单纯技术的混合，而是学生能切实参与并体验，满足个性需求，以学生为中心的混合。

Siemens 在 2005 年指出通过协商、对话、探讨，方能深层理解知识。此外，战后至当前美国、加拿大、澳大利亚、日本等国的中国法研究已颇具规模，其中公认较有成就的学者，例如：Jerome A. Cohen、Stanley Lubman、R. Randle Edwards，多数致力于中国法制史的研究，特别是传统法文化，有中国特色的调解制度一直是外国学者关注的热点。

评述与小结：综合国内外研究现状可见，基于“SPOC+翻转课堂”混合模式运用于法学教学较少，用于中国法制史课程改革中更少。中国现行法制多移植西方法律，中国传统法制更应受重视。探寻中华民族传统法制，利于弘扬民族文化，增强文化自信，有重要战略意义。应结合课程特点、学生状况，探索此信息化教学模式，从而为提高教学效果、人才培养质量助力。

二、信息技术与法学课程教学深度融合创新实践

（一）转型与变革的背景探讨

现实中需要更多适应信息社会发展的创新应用型法治人才，因此本科高校需重新定位人才培养目标和模式。

（二）问题与原因分析

问卷调查主要围绕：运用信息技术开展中国法制史课程教学的重视程度、技术载体情形、软件硬件建设、统筹管理机制、主客体信息素养等展开。探寻信息技术运用于法学课程教学优势与不足。

（三）结合应用型本科高校办学特点和专业学科特色，从线上课堂、线下课堂探索“SPOC+翻转课堂”混合模式

线上课堂包括三部分：建好网络平台、整合线上教学资源、建立课程交流研讨模块。网络平台，包括：课堂前情回顾、专题微课、史料研读、案例评析、知识扩展、资源链接、在线互动、课程考评等八大多功能模块。资源充实和整合，包括课程大纲、视频、课件、案例、文献，高校之间或与博物馆、法院等单位联合共建共享资源。

与线下课堂对接，建立线上线下课堂良好运行机制，包括：课前确立线上线下课堂内容、学时分配、各自功能；课中发挥线上线下课堂各自优势，取长补短，有效衔接，做好教学过程管理；课后及时进行教学效果评估。建立考评机制，重在测量知识运用能力，确保教学质量，激励师生不断探索。除此之外，还需做好课外社会实践，传承与发扬中华优秀传统法文化，与现代法治教育相配合。通过“SPOC+翻转课堂”混合模式探索，促进线上与线下中国法制史课堂有机融合，从而不断提高教学实效，提升师生专业综合素养，实现卓越法律人才培养目标。

具体还包括如下方面：

1. 整合与完善中国法制史课程资源

以往教学中多以历史朝代为脉络，易导致知识点重复交叉，难以总结演变规律与特质。因此，需对课程内容重新梳理、整合、重构。围绕六大专题展开，即法制指导思想，包括：神权法、法律儒家化、中央集权、近代化思想；立法情形和主要法律形式，包括：法典编撰体例、法律形式变迁；刑事法，包括：罪名、刑名、刑罚；行政法，包括：王权、行政管理体制、职官、监察制；民、商、经济法制，包括：婚姻、家庭、继承、所有权、债权；司法制度，包括：司法机关、审判、诉讼、监狱、监察制。通过总结归纳，分析教学内容与环境，收集教学资源，建立资源库，设计教学活动、考评环节等。

2. 基于“SPOC+翻转课堂”混合模式的中国法制史课程教学实践探索

做好课程实践前期准备，设计教学方案，发布操作规范与流程，进行实际操作培训，选择信息化教学平台，准备好仪器设备，做好课程前、中、后各环节。

3. 完善课程整体设计和制作，对在线课程测试和发布，检验此模式实效

通过咨询专家，访谈师生，结合线下课堂融合的情况，对课程整体设计和制作提出意见或建议，据此再次修正，在超星学习通网络教学平台，完成课程测试、发布、实施。

4. 教学方法与模式拓展

为实现线上线下课堂良好对接，可采用体验式教学，通过创造、再现特定情境，让学生在亲历过程中感同身受，理解和建构知识。可让学生分组演绎古装历史剧，剧后学生之间互评，教师总结，通过轻松愉快的参与，利用信息技术中

声、光、图像、动画、视频剪辑等，营造氛围，激发学习兴趣，引发情感共鸣，拉近历史与当代距离，变被动学为主动学，更好理解教学内容，也能提高信息技术运用水平。

此外，也可采用游戏化教学。很多高校一般将中国法制史课程放大一下半学期开设，或与部门法同时开设，而中国法制史课程内容涉及历代各种法律法规，学生在没有其他部门法知识的基础上，就接触法制史内容，会学的非常吃力，难以理解相关原理。而通过信息技术，利用法律事务相关软件，通过虚拟仿真实践教学，可解决此问题，让学习变得轻松、有趣、富挑战性。

5. 通过研究解决的关键问题

基于"SPOC+翻转课堂"混合模式的中国法制史课程设计，能更好融入实际教学过程中，使线上与线下课堂协调好，以提高教学质量。

解决了法学学生实践环节相对薄弱的问题。课内外、校内外结合，校企合作，与司法单位共建共享案例等数据库资源，通过法律事务相关软件操作，体验案件处理过程等，增强了专业实践能力，为后续部门法学习奠定良好基础。

与法学专业人才培养目标、课程目标匹配。信息技术时代下法学人才培养需致力于学生应用型本科技能培训与实践，课程建设与职业标准、就业岗位对接。此模式能促进课程的知识、能力、素质目标实现，也能达成课程思政的育人目标。包括遵守职业道德规范，良好人文社科素养、团队协作精神、沟通交流能力、社会责任感，独立获取知识、信息处理和创新能力等。

小结：

完成的主要教学实践成果有：中国法制史课程的超星学习通网络教学平台构建；中国法制史专题微课：法制指导思想、立法情形和主要法律形式、刑事法制、行政法制、民商经法制、司法制度。

通过对广西若干应用型本科高校的个案调查研究，基于"SPOC+翻转课堂"混合模式探索，促进了线上与线下中国法制史课堂有机融合，从而不断提高教学实效，提升师生专业综合素养，实现卓越法律人才培养目标，也传承与发扬了中华优秀传统法文化。

不同于笼统高校，而是从应用型本科高校实际出发，探索信息技术与中国法制史课程教学融合原理与路径，形成可借鉴的信息化法学教学模式：基于

“SPOC+翻转课堂”混合模式。

与新文科建设之“新”不谋而合，包括：论域拓展新，理科、基础文科“史”与应用文科“法”结合。价值重塑新，重正当性、正义性，弘扬知性美德与善意，为国家与社会提供思想指引和价值选择，避免新科技带来精神迷失、信仰空缺等问题。话语主导新，为推动人类命运共同体构建贡献中国智慧与力量，除了借鉴外国先进经验，还应立足中国本土实践，厚植华夏文明，坚定文化自信，着力阐释中国精神。深刻解读历史性变革中蕴含的内在逻辑，用中国理论解读中国实践，解决当下法治问题。也为新改革开放提供强大精神动力与理论支撑。交叉融合新，表现为跨学科、强合作，协同施策。

参考文献

一、著作

[1]邓和军．卓越法律人才教育培养的探索与实践[M]．上海：上海交通大学出版社，2016.

[2]唐稷尧，向海平．卓越法治人才暨公证人才教育培养改革研究[M]．成都：四川大学出版社，2020.

[3]岳彩申，盛学军．卓越法律人才教育培养研究[M]．北京：法律出版社，2012.

[4]夏锦文．法学教育评论第四辑新时代卓越法治人才培养与法学教育创新[M]．北京：法律出版社，2020.

[5]谢伟．论我国卓越法律人才的培养[M]．北京：中国政法大学出版社，2019.

[6]乔文骏．法律尽职调查实务[M]．北京：北京大学出版社，2021.

[7]单晓华，韩涛．卓越法律人才教育培养模式与实现路径研究[M]．北京：知识产权出版社，2015.

[8]谢文俊．国际高层次法治人才协同培养研究——以粤港澳大湾区为例[M]．北京：中国政法大学出版社，2020.

[9]李晓郛．数据下的美国法治人才培养研究(学术版)[M]．北京：知识产权出版社，2017.

[10]何勤华，唐波，戴莹．法治队伍建设与人才培养[M]．上海：上海人民出版社，2016.

[11]黄月华．法治队伍：谁是法律人[M]．北京：法律出版社，2017.

[12](美)庞德．法律与道德[M]．北京：中国政法大学出版社，2003.

[13]范进学．法律与道德[M]．北京：北京大学出版社，2012.
[14]（澳）皮特·凯恩．法律与道德中的责任[M]．北京：商务印书馆，2008.
[15]王启富，刘金国．法律之治与道德之治：形式法治观的局限[M]．北京：中国政法大学出版社，2008.
[16]（美）富勒．法律的道德性[M]．北京：商务印书馆，2009.
[17]陈秀萍．变革时期法律与道德的冲突问题研究[M]．北京：中国方正出版社，2008.
[18]周恒利．道德·法治·文明[M]．北京：知识产权出版社，2011.
[19]喻中．中国法治观念[M]．北京：中国政法大学出版社，2011.
[20]（英）休·柯林斯．马克思主义与法律[M]．北京：法律出版社，2012.
[21]郭宇昭．社会主义法的基本理论[M]．北京：中国人民大学出版社，1993.
[22]刘平．法治与法治思维[M]．上海：上海人民出版社，2013.
[23]熊云英，任小军．涉外法律文书写作[M]．北京：中国政法大学出版社，2013.
[24]杜涛．涉外民事关系法律适用法释评[M]．北京：中国法制出版社，2011.
[25]徐伟功．《涉外民事关系法律适用法》实施研究[M]．北京：法律出版社，2019.
[26]张朝霞．法学教育改革与法学人才培养模式创新研究[M]．兰州：甘肃人民出版社，2011.
[27]贺圣达．战后东南亚历史发展：1945—1994[M]．昆明：云南大学出版社，1995.
[28]王民同．东南亚史纲[M]．昆明：云南大学出版社，1994.
[29]何平．从云南到阿萨姆——傣-泰民族历史再考与重构[M]．昆明：云南大学出版社，2001.
[30]何平．中南半岛的民族渊源与流变[M]．北京：民族出版社，2006.
[31]（澳）芬斯顿．东南亚政府与政治[M]．北京：北京大学出版社，2007.
[32]孙大英，高歌．东南亚各国历史与文化[M]．南宁：广西人民出版社，2011.
[33]贺圣达．东南亚文化发展史[M]．昆明：云南人民出版社，2011.
[34]杨保筠．中国文化在东南亚[M]．郑州：河南教育出版社，2009.

[35]何勤华，李秀清．东南亚七国法律发达史[M]．北京：法律出版社，2002.
[36]尼古拉斯·托马斯．东南亚与中国关系：持续与变化[M]．厦门：厦门大学出版社，2006.
[37]梁志明，李谋，杨保筠．东南亚古代史[M]．北京：北京大学出版社，2013.
[38]何平．东南亚民族史[M]．昆明：云南大学出版社，2012.
[39]吴国权．法律思维与实践[M]．北京：法律出版社，2013.
[40]刘星．法学知识如何实践[M]．北京：北京大学出版社，2011.
[41]（美）加里·B. 博恩．国际仲裁：法律与实践[M]．北京：商务印书馆，2015.
[42]魏新璋．法律的实践理性[M]．北京：法律出版社，2015.
[43]齐喜三．法学本科实践教学教程[M]．郑州：郑州大学出版社，2012.
[44]蔡高强．法学实践教学成果：社会调研报告[M]．湘潭：湘潭大学出版社，2016.
[45]洪友红．互联网法律实务指南[M]．上海：上海交通大学出版社，2020.
[46]北大法律信息网．互联网+法律实务的思考[M]．北京：北京大学出版社，2016.
[47]腾讯研究院，中国信息通信研究院互联网法律研究中心，腾讯AI Lab，腾讯开放平台．人工智能：国家人工智能战略行动抓手[M]．北京：中国人民大学出版社，2017.
[48]中国互联网协会．互联网法律[M]．北京：电子工业出版社，2016.
[49]张延来．网络法战地笔记：互联网法律从业者进阶指引[M]．北京：法律出版社，2019.
[50]洪友红，李庆峰，许力先．互联网法律实务指南[M]．上海：上海交通大学出版社，2020.
[51]北大法律信息网．互联网+法律大数据应用[M]．北京：北京大学出版社，2018.
[52]张光耀．欧洲能源互联网法律与政策研究[M]．北京：法律出版社，2020.
[53]工业和信息化部电信研究院政策与经济研究所，腾讯互联网与社会研究院．中国互联网法律与政策研究报告（2013）[M]．北京：电子工业出版

社，2014.
[54]刘瑛，王玄，李晓华．互联网平台运营法律实务[M]．北京：法律出版社，2020.
[55]水志东．互联网广告法律实务[M]．北京：法律出版社，2017.
[56]李宪明，林先海．金融机构参与互联网助贷法律实务[M]．北京：法律出版社，2021.
[57]金幼芳．互联网融资法律制度创新构建研究[M]．杭州：浙江大学出版社，2021.
[58]袁远．互联网金融法律理论与实务问题研究[M]．北京：中国法制出版社，2019.
[59]曹阳．数据视野下的互联网平台提供商法律规制研究[M]．北京：中国政法大学出版社，2020.
[60]李庆峰．“互联网+”创业之法律实务[M]．上海：上海交通大学出版社，2018.
[61]吴太轩．互联网新型不正当竞争行为法律规制的实证研究[M]．北京：法律出版社，2019.
[62](美)菲利普·G. 阿特巴赫．21世纪美国高等教育——社会、政治、经济的挑战[M]．北京：中国海洋出版社，2010.
[63]白桂梅．人权法学[M]．北京：北京大学出版社，2011.
[64]王彦．高等教育学实用教程[M]．桂林：广西师范大学出版社，2009.
[65](日)大木雅夫．比较法[M]．北京：法律出版社，1999.
[66](德)马克斯·韦伯．论经济与社会中的法律[M]．北京：中国大百科全书出版社，1998.

二、论文

[1]张慧，张梦琦．法国创建世界一流大学的战略实践——以索邦大学为例[J]．比较教育研究，2016(6)：22.
[2]杨栋梁．日本推行高等教育改革的新举措——《21世纪COE计划》评述[J]．日本学刊，2003(5)：120.

[3]汪习根．美国法学教育的最新改革及其启示——以哈佛大学法学院为样本[J]．法学杂志，2010(1)：33.

[4]胡铭．司法竞技、法律诊所与现实主义法学教育——从耶鲁的法律现实主义传统展开[J]．法律科学(西北政法大学学报)，2011(3)：44.

[5]卜元石．德国法学教育中的案例研习课：值得借鉴？如何借鉴？[J]．中德法学论坛，2016(00)：45.

[6]朱志峰．由“卓越法律人才教育培养计划”看中国法学教育模式变革[J]．社会科学研究，2013(6)：80.

[7]邓峰．“卓越计划”背景下法学专业校外实习改革探索[J]．边疆经济与文化，2016(5)：69.

[8]田开友，胡道武．西部地方高校法学实践教学模式的变革研究——以西部基层卓越法律人才培养机制为视角[J]．现代教育科学，2014(7)：148.

[9]张晓京．深化国际法学教学改革　培养卓越涉外法律人才[J]．湖北经济学院学报(人文社会科学版)，2016(4)：208.

[10]蔡红．基于卓越人才培养的法学理论与实务教学改革[J]．吉林广播电视大学学报，2019(6)：130.

[11]周晓伟．王轶：法学要发出中国声音、提出中国方案、探索中国模式[J]．公民与法(综合版)，2018(12)：25.

[12]贾委．“卓越法律人才”培养教育的探索与实践[J]．教育现代化，2017(30)：16.

[13]范贞．司法考试背景下独立学院法学专业人才培养模式研究[J]．教育教学论坛，2016(19)：25.

[14]梅扬．比例原则的适用范围与限度[J]．法学研究，2020(2)：57.

[15]任瑞兴．公民权利质量的意义之维[J]．河南大学学报(社会科学版)，2019(2)：68.

[16]刘剑文，苗连营，熊文钊，熊伟．财税法学与宪法学的对话：国家宪法任务、公民基本权利与财税法治建设[J]．中国法律评论，2019(1)：1.

[17]郭玉坤．领导干部需增强海洋环境保护法治意识[J]．中国党政干部论坛，2015(5)：98-100.

[18]刘欢欢．对法学教育改革的思考[J]．新西部(理论版)，2013(6)：141.
[19]崔淑霞，蒋淑波．“应用型、复合型”法学本科人才培养的基本理念[J]．经济研究导刊，2014(2)：92-93.
[20]李祖全．独立院校法学专业课堂教学评价体系研究[J]．法制与经济，2014(2)：109.
[21]于鑫．法官职业压力的内在原因与组织支持完善——基于基层法官心理健康与职业压力测试的实证分析[J]．山东审判，2013(4)：55.
[22]黄娟．论法官能动司法的功能和规制[J]．中南林业科技大学学报(社会科学版)，2011(1)：36.
[23]谭世贵，胡志斌．高校法学教师与法官职业互动的研究[J]．安徽农业大学学报(社会科学版)，2011(2)：82.
[24]陶建国，谢奎柱．韩国法科大学院教育制度评价[J]．保定学院学报，2011(5)：99.
[25]谢恩芝．论我国地方高校法学本科教育的发展思路[J]．广西师范学院学报(哲学社会科学版)，2013(3)：115-116.
[26]陈建超．基于人才培养的高等教育供给侧改革[J]．教育评论，2020(12)：47.
[27]冯增俊．建设有中国特色的比较教育学[J]．华东师范大学学报(教育科学版)，1998(2)：51.
[28]杨菊仙．人才培养模式创新实验区的建设路径与发展策略[J]．国家教育行政学院学报，2010(3)：37.
[29]叶敏，万后芬．特色专业建设的背景及专业特色的凸显——以市场营销专业为例[J]．中国大学教学，2012(1)：48.
[30]张红，张丽．贵州民族高等院校学科建设与人才培养模式探索[J]．贵州民族大学学报(哲学社会科学版)，2013(3)：190.
[31]吴岩．建设中国“金课”[J]．中国大学教学，2018(12)：4-5.
[32]李志义．“水课”与“金课”之我见[J]．中国大学教学，2018(12)：24.
[33]杨勇，林旭．“人工智能+教育”视域下职业教育“金课”建设[J]．中国职业技术教育，2019(23)：69-70.

[34]冀宏，王继元，张根华．行业课程的理论逻辑与建设路径——兼论应用型人才培养“金课”建设[J]．高等工程教育研究，2019(4)：188.
[35]杜启顺．我国法律硕士培养模式优化研究——以卓越法治人才教育培养计划2.0及衔接法考改革为视角[J]．南宁师范大学学报(哲学社会科学版)，2019(5)：175.
[36]卢臻，覃淮宇．高校法治教育的有效路径：自主式探究学习法[J]．广西师范学院学报(哲学社会科学版)，2018(6)：161-162.
[37]柴国生．依法治国视域下法治人才培养机制的优化路径——评《法学本科实践教学教程》[J]．中国教育学刊，2019(3)：140.
[38]杨泽伟．新中国国际法学70年：历程、贡献与发展方向[J]．中国法学，2019(5)：178.
[39]刘海芳．我国法学教育模式的创新研究——评《法学专业实践教学的理论与创新》[J]．高教探索，2019(9)：145.
[40]张璐．环境法学的法学消减与增进[J]．法学评论，2019(1)：148.
[41]苏德，张静．改革开放40年中国民族高等教育人才培养的发展历程及成就[J]．广西师范学院学报(哲学社会科学版)，2018(6)：7-8.
[42]孙长永，闫召华．法学专业线上一流课程的实践探索与思考——以西南政法大学“刑事诉讼法学”MOOC为例[J]．中国大学教学，2021(4)：21.
[43]郭天武，严林雅．法学一流学科建设及其人才培养模式探析[J]．高教探索，2018(12)：17.
[44]李瀚琰．应用型高校法学课程思政教育教学实现路径——以《婚姻家庭继承法学》为例[J]．豫章师范学院学报，2021(1)：71-72.
[45]王禄生．对本土制度语境下法官职业化的回顾、反思与展望——以三十年法院人事制度改革为分析样本[J]．四川大学学报(哲学社会科学版)，2010(2)：130.
[46]张胜．管理型法官的体制性考量[J]．郑州航空工业管理学院学报(社会科学版)，2010(2)：120.
[47]李雪菁．法官职业化中的职业培训[J]．法制与经济(中旬)，2014(3)：123-124.

[48]何勤华，齐凯悦．英国大学法学教育国际化的起源及其流变[J]．法制与社会发展，2017(6)：137.

[49]聂资鲁．高校国际化法律人才培养模式比较研究[J]．大学教育科学，2015(2)：53.

[50]孟祥瑞．财经类法律人才培养的创新路径[J]．山西财经大学学报，2017，39(S2)：66.

[51]杨力．职业主义导向的国际法科人才培养改革[J]．交大法学，2016(3)：5.

[52]张法连．新时代背景下涉外法律人才培养机制新探[J]．中国法学教育研究，2018(1)：57.

[53]单莹．情境教学与卓越法律人才培养[J]．黑龙江高教研究，2017(2)：137.

[54]彭振．"一带一路"背景下高级法律人才培养模式研究——以西南民族地区高校为视角[J]．法制与经济，2017(5)：47.

[55]李亚，窦衍瑞．"一带一路"背景下高层次法治人才培养创新[J]．经济研究参考，2018(8)：68.

[56]吐火加，陈宝贵．"一带一路"视阈下少数民族地区法学教育问题研究[J]．国家教育行政学院学报，2017(4)：57.

[57]杜承铭，柯静嘉．论涉外法治人才国际化培养模式之创新[J]．现代大学教育，2017(1)：85.

[58]付子堂．习近平总书记全面依法治国新理念新思想新战略：发展脉络、核心要义和时代意义[J]．中国法学，2019(6)：105.

[59]何立荣．广西高校法学课程设置探究——以涉东盟法律人才培养为背景[J]．广西警官高等专科学校学报，2013(1)：62.

[60]付健，黄斌斌．培养面向东盟诉讼解决机制的法律人才研究[J]．创新，2017(3)：92.

[61]全莉萍．中国—东盟区域经济背景下高职高专法律人才培养模式创新研究[J]．广西政法管理干部学院学报，2016(3)：102.

[62]史强．中国-东盟自贸区法律人才培养模式的创新[J]．法制与社会，2019(12)：195.

[63]管金平．中国市场准入法律制度的演进趋势与改革走向——基于自贸区负面

清单制度的研究[J]. 法商研究，2017(6)：50.
[64]陈兵. 我国地方反垄断执法的机理——从上海自贸区先行先试的视角[J]. 法学，2017(10)：115.
[65]殷继国. 卓越法律人才培养模式下经济法实践教学改革研究[J]. 吉林省教育学院学报，2016(1)：113.
[66]孟庆瑜，李汶卓. 地方高校涉外法治人才培养的目标定位与实现机制——基于我国自贸试验区建设的人才需求分析[J]. 河北法学，2021(8)：67.
[67]武建鑫，罗云. 哲学社会科学领域中国特色一流学科的发展逻辑——以中国人民大学法学学科为例[J]. 湖北社会科学，2021(4)：146.
[68]黄文艺. 论习近平法治思想中的法治工作队伍建设理论[J]. 法学，2021(3)：3.
[69]姚莉. 习近平法治思想的创新价值与法学"三大体系"建设[J]. 法商研究，2021(2)：15.
[70]杨瑞军. 实践教学评价体系的研究[J]. 机械管理开发，2010(4)：158.
[71]刘远. 关注刑法解释的司法逻辑——兼及刑法教学如何适应司法实践[J]. 国家检察官学院学报，2012(3)：111.
[72]刘文燕. 案例教学法在刑法教学中的运用[J]. 教育探索，2014(12)：56-57.
[73]孙俊三. 从经验的积累到生命的体验——论教学过程审美模式的构建[J]. 教育研究，2001(2)：35.
[74]叶敏，万后芬. 特色专业建设的背景及专业特色的凸显——以市场营销专业为例[J]. 中国大学教学，2012(1)：48.
[75]张红，张丽. 贵州民族高等院校学科建设与人才培养模式探索[J]. 贵州民族大学学报(哲学社会科学版)，2013(3)：190.
[76]蔡虹. 独立学院法学专业实践教学改革探析[J]. 吉首大学学报(社会科学版)，2015(S1)：217-218.
[77]叶永禄. 论法学实践教学与卓越法律人才培养教育——有感于教育部"卓越法律人才教育培养计划"[J]. 云南大学学报(法学版)，2013(3)：116-117.
[78]霍宪丹. 法学教育的历史使命与重新定位[J]. 政法论坛，2004(4)：3.

[79]廖斌. 地方高校培养卓越法律本科人才探析[J]. 河北法学，2011(12)：11-12.

[80]魏建国. 法学研究的实践化与本土化转向“卓越法律人才教育培养计划”所开放出来的学理更新[J]. 社会科学辑刊，2013(3)：80-81.

[81]齐延平. 论现代法学教育中的法律伦理教育[J]. 法律科学. 西北政法学院学报，2002(5)：12.

[82]靳宁，王艳丽. “互联网+”背景下的交叉型法学课程改革探索——以南京审计大学《经济犯罪调查》课程为例[J]. 公安学刊(浙江警察学院学报)，2016(6)：97.

[83]司丹. “互联网+”背景下法学专业课程改革探析[J]. 当代教育实践与教学研究，2019(20)：32.

[84]赵雪军. “互联网+”背景下刑法学教学改革探索[J]. 法制与社会，2019(30)：194.

[85]唐素林. “互联网+”时代高职线上线下法学教育教学创新探究[J]. 中国多媒体与网络教学学报(中旬刊)，2020(11)：8.

[86]范成博. “互联网+”环境下非法学专业研究生法学素养培育研究[J]. 高教学刊，2020(15)：97.

[87]汪琴. “互联网+”时代下“法学”智慧微课堂教育模式探讨[J]. 合肥师范学院学报，2018(2)：90.

[88]陈华丽. 基于微信公众平台的翻转课堂在法学教学的改革探析——以“中国法制史”课程为例[J]. 牡丹江教育学院学报，2019(7)：49-50.

[89]古丽巴旦·托汗，魏晶晶，方娴，马国芳. “互联网+教育”背景下多媒式教学方法在临床医学专业卫生法学课程中的 SWOT 分析[J]. 临床医药文献电子杂志，2019(72)：165.

[90]马岚. “互联网+”视域下法学教育研究[J]. 法制博览，2019(14)：20.

[91]邓渝. 法学专业学生新媒体沟通能力提升的教学模式研究[J]. 科技视界，2017(30)：22.

[92]冯江菊. 新媒体背景下新闻热点案件的法学课堂嵌入问题探究[J]. 法制与经济，2015(11)：8-9.

[93]季敏．新媒体环境下大学生法治信仰之育成[J]．内蒙古农业大学学报(社会科学版)，2014(1)：109.
[94]马艳婕．“互联网+”时代法学本科教育改革探究——基于独立学院的人才培养出发[J]．科技视界，2019(3)：27-28.
[95]彭丽明，李俊．“互联网+”时代法学教育教学模式改革[J]．教育文化论坛，2019(3)：130.
[96]沈晶．“互联网+”时代高校法学教学的创新[J]．法制与社会，2018(27)：195.
[97]刘雅芬．“互联网+”时代法学教学模式创新分析[J]．陕西教育(高教)，2020(6)：46.
[98]李闽湘．“互联网+”时代法学教育面临的挑战与变革研究[J]．家庭生活指南，2018(7)：163.
[99]丁莲，杜巍，张玲，李辉．后 MOOC 时代高职教育教学创新——基于 SPOC 翻转课堂教学模式的计算机基础课程教学研究[J]．教育现代化，2018(12)：34-35.
[100]岳洪杰，蒋新苏，王欣．信息化背景下高职院校翻转课堂教学模式研究[J]．文存阅刊，2018(0z1)：204.
[101]李颖．卫生管理课程翻转课堂的实践思路及策略——基于 Explore-Flip-Apply 模式[J]．继续医学教育，2017(3)：29-30.
[102]胡小凤．后 MOOC 时代成人法学课程混合教学模式研究[J]．中国教育技术装备，2020(12)：114-115.
[103]潘淑岩．翻转课堂教学模式在法学课程教学中的开展[J]．教育理论与实践，2019(27)：59.
[104]蒋敏．大学生环保法治意识培育研究[D]．贵阳：贵州大学，2016.
[105]王昭．技工院校学生环境法治意识培养研究[D]．咸阳：西北农林科技大学，2014.
[106]徐梓淇．论生态公民及其培育[D]．上海：复旦大学，2013.
[107]杨诗琦．普法类微信公众号运营研究——以“法律读库”微信公众号为例[D]．武汉：中南民族大学，2018：3.

[108]尤榕．融媒体视域下高校思想政治教育路径创新研究[D]．哈尔滨：哈尔滨理工大学，2020：19-22.

[109]张芮．MOOC 与 SPOC 学习效果分析与对比研究——以《现代教育技术》课程为例[D]．西安：陕西师范大学，2017：95-182.